Hubertus Lutterbach

DAS TÄUFERREICH VON MÜNSTER

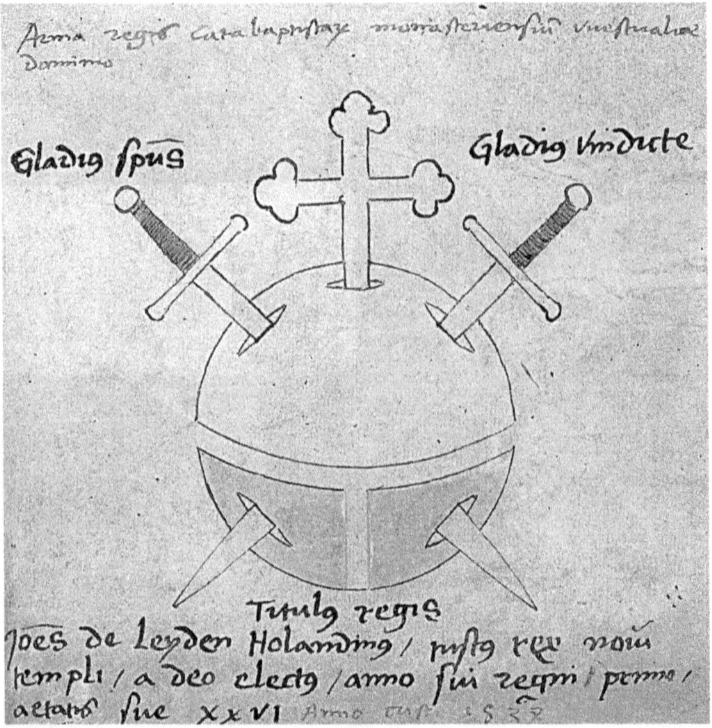

Das Königswappen des Jan van Leiden
Ein Reichsapfel, der von einem Kreuz gekrönt ist, wird von zwei Schwertern durchstochen, dem Schwert des Geistes und dem Schwert der Rache. Die lateinische Überschrift lautet übersetzt: „Wappen des Königs der münsterischen Wiedertäufer und Herrn Westfalens.“ Die Unterschrift lautet: „Johann von Leiden, Holländer, von Gott erwählt, im ersten Jahr seines Königtums, im Alter von 26 Jahren.“

Hubertus Lutterbach

DAS TÄUFERREICH VON MÜNSTER

Wurzeln und Eigenarten eines religiösen Aufbruchs

Aschendorff
Verlag

Hubertus Lutterbach

Jahrgang 1961, Studium der Katholischen Theologie, Geschichte und Kunstgeschichte in Münster und Bonn, 1987 Dipl. theol., 1991 Dr. theol., 1994 mehrmonatiges Rom-Forschungsstipendium der Görres-Gesellschaft, 1995–1996 Research Assistant an der Historical School des Institute for Advanced Study (Princeton, USA), 1997 Habil. theol., 1997–1998 Research Fellow an der Yale Divinity School (New Haven, USA), seit 2000 Professor für Christentums- und Kulturgeschichte (Historische Theologie) an der Universität Essen, 2001 Fritz-Winter-Preis auf Vorschlag der NRW-Akademie der Wissenschaften, 2007 Dr. phil. (Mittelalterliche Geschichte, TU Dresden). Seit 2020 zusätzlich Priester im Bistum Osnabrück. Siehe auch: www.uni-due.de/katheol/lutterbach

Zweite, überarbeitete Auflage

www.aschendorff-buchverlag.de

Printed in Germany

ISBN 978-3-402-12743-8
ISBN 978-3-402-19723-3 (E-Book)

INHALTSVERZEICHNIS

VORWORT

Wirkliche Geschichtsschreibung ist immer erzählend, alles andere ist nur Material- und Schlepperdienst. Wenn es um Verbreitung von Erkenntnissen, um Einsicht und Bewusstmachungsprozesse geht, dann kommt es entscheidend darauf an, alle hinreichend erforschten Elemente in ein Gesamtbild zu integrieren, das die handelnden Figuren so gut wie die Zahlen zum Leben erweckt und aus toten Diagrammen Funken der Einsicht schlägt."

Wenn das durch den verstorbenen Historiker und FAZ-Herausgeber Joachim Fest ehedem formulierte Plädoyer zugunsten wissenschaftlicher Lebendigkeit im vorliegenden Taschenbuch über das Täufertum von Münster wenigstens ansatzweise eingelöst würde, dann verdankt sich dieses Ergebnis nicht zuletzt denjenigen, die über den Autor hinaus Anregungen zu diesem Werk beigesteuert haben. Namentlich hervorgehoben seien über den Stadthistoriker Dr. Ralf Klötzer hinaus die Kollegen Prof. Dr. Gert Melville und Prof. Dr. Gerd Schwerhoff sowie die weiteren Kollegen an der Philosophischen Fakultät der TU Dresden, die im Sommer 2007 eine Langfassung dieses nunmehr aktualisierten ‚Täuferbuches' als Dissertation im Fach Mittelalterliche Geschichte angenommen haben.

Würdigende Hervorhebung verdient schließlich die reibungslose Zusammenarbeit mit Herrn Mathis Erpenbeck sowie das unterstützende Aschendorff-Lektorat durch Herrn Dr. Bernward Kröger und Herrn Julian Krause.

Münster, im Mai 2021 *Hubertus Lutterbach*

Erster Teil

AUF DEM WEG ZU DEN TÄUFERN VON MÜNSTER

Jan van Leiden (1509–1536)
Der führende Täufer Münsters wurde von Heinrich Aldegrever während seiner Gefangenschaft 1536 porträtiert, angetan mit allen Insignien seiner Herrschaft über das Täuferreich in der Stadt.

I. Kapitel

ZUGÄNGE UND PANORAMEN

Wenn der radikal-christliche Umsturzversuch der Täufer von Münster gegenüber dem Bischof im Jahr 1534/1535 zum Erfolg geführt hätte, gäbe es die Stadt Münster heute wohl nicht als säkulare Universitätsstadt mit einem römisch-katholischen Bischofssitz, sondern als einen von Gott durch seine endgültige Wiederkunft geheiligten Ort. Wenn der Versuch der christlich-radikal gesonnenen Täufer, in Münster ein kompromissloses Entscheidungschristentum einzuführen, nicht in einem gewaltsamen Komplott untergegangen wäre, befänden sich heute die „drei Körbe von Eisen“ (Heinrich Heine), in denen die besiegten Anführer der städtischen Erhebung den Vögeln zum Fraße hingehängt wurden, gewiss nicht als Erinnerungszeichen am Turm der Lambertikirche; stattdessen hätte man womöglich eine überdimensionale Mitra und einen Bischofsstab als Insignien eines ehedem von der Heiligen Schrift abgeirrten und überlebten römischen Christentums ausgestellt.

1. Die Täufer von Münster – Vorkämpfer für ein Entscheidungschristentum

Gewiss waren es ursprünglich nicht die Täufer, sondern die Lutheraner, die das seit dem 9. Jahrhundert in Münster etablierte römisch geprägte Christentum ablösen sollten. Erst als deren christliche Initiative nach nur wenigen Monaten im Herbst 1533 ihren Durchbruch verfehlt hatte, begann man unter den ehedem reformatorischen Anführern der Täufer von Münster darauf zu vertrauen, dass Gott die heutige Westfalenmetropole als Ort des neuen Jerusalem erwählt hätte; von hier aus sollte die Erneuerung der Welt – die „Restitution" – ihren Anfang nehmen und Christi Weltherrschaft beginnen.

Ein Entscheidungschristentum gemäß urgemeindlichen Maßstäben sollte eingeführt werden; als verbindliches Kriterium der Zugehörigkeit zur christlichen Gemeinde wurde die Erwachsenentaufe festgesetzt. Christi Wiederkunft – so glaubte man schließlich – könne nur jenen Christen zum Segen gereichen, die die Entscheidungstaufe empfangen hätten; zum Fluch hingegen würde sie sich für jene auswirken, die sich – wie die Katholiken oder Lutheraner – mit der Kindertaufe begnügten.

Innerhalb der damaligen Stadtgrenze, die bis heute als so genannte „Promenade" den Innenstadtbereich umschließt, sollten der Himmel und die Erde aufgrund der hier für sicher geglaubten Wiederkunft Christi zusammenstoßen. So waren die Täufer beseelt von der Hoffnung, dass Gott die Stadt Münster und das umgebende Münsterland als Ausgangspunkt eines Heiligen Landes ausersehen hätte – endgültiger als das Heilige Land im heutigen Nahen Osten als Ort von Christi erstem Kommen!

Tatsächlich war dem täuferischen Leben in Münster nicht einmal eine zweijährige Dauer beschieden, bevor das Täuferreich militärisch niedergeschlagen wurde und sich das religiöse Leben in der Stadt wieder den Leitlinien des römisch-katholischen Bischofs unterzuordnen hatte.

2. Die Täufer von Münster – Ihr Weg durch die Forschungsgeschichte

Während das Täuferreich selbst an dem um 800 n. Chr. als Bischofssitz erhobenen Ort an der Aa nur von kurzer Dauer blieb, zeigt sich die Bewertung des Täuferreiches über die Jahrhunderte hinweg ambivalent[1]. Entweder rückte man die Täufer von Münster als mahnend-abschreckendes Beispiel in den Mittelpunkt oder vergegenwärtigte sie als Ausdruck vorwärtsweisender gesellschaftlicher Bewegung[2]: Allzu oft wurden „die münsterischen Täufer mit dem jeweiligen politischen Gegner identifiziert, also im 16./17. Jahrhundert mit Ketzern und Aufrührern, nach 1848 mit demokratischen, 1871 bis 1918 mit kommunistischen, 1933 mit bolschewistischen und 1938 mit faschistischen Bewegungen"[3]. Überblickt man die Geschichte dieser Bewertungen, so dominierte bis in die 1970er Jahre hinein – vorangetrieben vor allem durch die marxistisch-leninistische Geschichtsschreibung – die Identifikation der Täufer von Münster mit revolutionären Habenichtsen, die sich schon früh als Vorreiter der kommunistischen Bewegung profiliert hätten[4]; ein leerer Magen, so die knappe Gleichung, führe eben unausweichlich zu politischen und religiösen Aufständen.

Eine Öffnung der beschriebenen Verengungen im Verständnis des Täuferreiches von Münster bewirkten maßgeblich die Entdeckungen des Sozialhistorikers Karl-Heinz Kirchhoff. Anhand von Rechnungsbelegen der 1520er und 1530er Jahre – auf diese Ergebnisse wird noch zurückzukommen sein – konnte er nachweisen, dass die Träger der täuferischen Bewegung eben nicht vornehmlich materiell arme Menschen waren, sondern Angehörige aller münsterischen Bevölkerungsgruppen. Anders als bis dahin angenommen, habe der Anteil von Armen und Wohlhabenden an der Täufergemeinde deren jeweiligem Anteil an der Gesamtbevölkerung beinahe entsprochen[5]. Also: Nicht die materiell Bedürftigen bewirkten den religiösen Umsturz, sondern hauptsächlich die Begüterten.

3. Die Täufer von Münster – Epigonen eines aufblühenden Spätmittelalters

Um die durch Karl-Heinz Kirchhoff eröffneten Einsichten in das Täuferreich von Münster weiter zu vertiefen[6], lohnt es sich, auf die in der Geschichtswissenschaft aktuell erarbeitete Neubewertung des Spätmittelalters zurückzugreifen.

Bis vor vier Jahrzehnten noch galt das zwischen dem 14. und dem beginnenden 16. Jahrhundert ausgestreckte Spätmittelalter als ‚Zeitalter der welkenden Blätter', welches auf die hohe Zeit der Gotik gefolgt wäre[7]. An diesem „Herbst des Mittelalters" sah man die Religiosität bis hin zur Reformation maßgeblich teilhaben. In Abkehr von diesem forschungsgeschichtlich lange unbestrittenen Paradigma eines gesamtgesellschaftlichen Niedergangs im Spätmittelalter lernte die Mediävistik der letzten vierzig Jahre, das Spätmittelalter auf neue Weise zu sehen[8].

Nicht länger gilt das Spätmittelalter als Periode der „Zersetzung", sondern als Epoche einer vorwärtsgewandten, ja sogar reformfreudigen Ausrichtung für Kirche und Gesellschaft[9]. So sieht die aktuelle mediävistische und kirchengeschichtliche Forschung zu Beginn des 16. Jahrhunderts vielfältige „Erneuerungskräfte" am Werk[10] und die zeitgenössischen Orden sogar auf Reformkurs[11]. Vielstimmig lehnen Mediävisten und Frühneuzeit-Historiker die Abwertung des Spätmittelalters ab[12]. Hartmut Boockmann, ausgewiesener Kenner des Spätmittelalters, bewertet die Reformation nicht länger als Denkzettel für kirchliche und gesellschaftliche Missstände, sondern als einen Vorgang, „den man (...) nicht als notwendig oder unvermeidlich darstellen sollte“[13]. Mit dem Sozialhistoriker Heinz Schilling lässt sich insgesamt von einer „außerordentlichen Aufwertung des Spätmittelalters“ sprechen[14]: „Spätmittelalterlicher Frömmigkeitsaufbruch, Reformation und Konfessionalisierung erhalten in dieser Perspektive wieder das Maß an Zusammengehörigkeit, das durch die – bereits zeitgenössische – Stilisierung der deutschen Reformation verloren ging.“[15] Und der Reformationshistoriker Berndt Hamm sieht im Spätmittelalter anstelle ‚frommen Sinkflugs‘ ein sogar zuvor unbekanntes Ineinander von akademischer Theologie und religiöser Praxis am Werk: „Es gibt wohl keine Epoche der Kirchengeschichte, in der das Gesamtbild der Theologie, und zwar gerade der ‚gelehrten‘ Theologie, so eindeutig durch einen (...) Frömmigkeitscharakter bestimmt wird, in der die Dogmatik so stark von der Ethik durchdrungen ist wie die Zeit vom ausgehenden 14. bis zur Mitte des 16. Jahrhunderts.“[16]

Zur entwicklungsgeschichtlichen Verortung der auf Aufbruch bedachten Geisteshaltung im abendländischen Spätmittelalter gehört schließlich die Beobachtung, dass die europäischen Gesellschaften ab 1400 zunehmend das gesamtgesellschaftlich wirksame, auch die Frömmigkeit mitverändernde und für die Moderne grundlegende Niveau an Verinnerlichung wiedererlangten, das beinahe 1000 Jahre zuvor mit dem Ausdünnen der römischen Zivilisation in den Hintergrund geraten war[17]. Ja, im Anschluss an den Niedergang des römischen Imperiums im Westen seit dem 5. und 6. Jahrhundert, mit dem im Okzident auch eine Verlagerung von einem für Hochkulturen und Hochreligionen charakteristischen individuellen Identitätsbewusstsein („Ich-Denken") hin zum Paradigma einer kollektiven Identität („Clan-Denken") verbunden war, erfolgte der neuerliche Durchbruch hin zur individuellen Identität während der „1000 Jahre Mittelalter" in drei Renaissancen; jeder dieser Entwicklungsschübe, von denen der erste im 8./9. Jahrhundert, der zweite im 12. Jahrhundert und der dritte im 15./16. Jahrhundert anzusiedeln ist, war mit einer je tiefergehenden Orientierung an der antiken Buchkultur verbunden[18]. Die Konsequenzen für die Hoch- und Buchreligion Christentum sollten sich als weitreichend herausstellen[19] und sind auch an den reformatorisch-täuferischen Vorgängen in Münster ablesbar.

Mit Blick auf das Täuferreich von Münster hat Karl-Heinz Kirchhof bereits 1989 eine die damalige Forschung weiter überbietende, ja eine sogar möglichst umfassende Berücksichtigung der theologisch-täuferischen Grundvorstellungen angeregt. Weder sollten die Interessen politischer Selbstlegitimation noch überholte Bewertungen von Spätmittelalter und Reformation die Feder führen, wenn es darum ginge, das theologisch Besondere der Täufer von Münster näherhin zu charakterisieren[20]. Obgleich dieses Votum eine tiefergehende Analyse des Täuferreiches von Münster unter Einschluss des Faktors ‚Religion' auf den Weg hätte bringen können, ist entsprechendes bislang keineswegs erschöpfend geschehen. So ist die Frömmigkeit der Menschen von Münster während der ersten Hälfte des 16. Jahrhunderts noch kaum unter religionsgeschichtlichen Perspektiven ausgeleuchtet und in einem dazugehörigen Koordinatennetz verortet worden, obwohl derlei tatsächlich weiterführende Einblicke in das damalige Geschehen verspricht. Entsprechend harren vor allem die mittelalterlichen Bezüge von Weltanschauung und Theologie der Täufer in Münster der umfassenden Rekonstruktion[21].

Bußruf der Täufer mit gezogenen Schwertern
Das Bild bezieht sich auf Vorgänge in Amsterdam, aber auch in Münster liefen die Täufer Bernd Knipperdollinck, Jan Mathijs, Jan van Leiden und andere durch die Straßen und forderten unter Drohungen die „Ungläubigen" zum Verlassen der Stadt auf. Über 2000 Personen verließen daraufhin binnen weniger Tage Münster.

4. Ausblick: Katholisch, lutherisch, täuferisch – Frömmigkeitskonzepte im Vergleich

Die Rede vom Täuferreich in Münster darf nicht eine in sich gleichbleibende Epoche suggerieren. Vielmehr zeigt dieses Täuferreich am Übergang vom ausgehenden Mittelalter zur beginnenden Frühneuzeit einen vielfältigen Prozesscharakter, wie sich mit Blick vor allem auf die politische Entwicklung in der Stadt bereits dartun ließ. Gleichermaßen brachte es auch in religiöser Hinsicht Neues hervor und weist darin eine Richtung auf, die es noch näher zu bestimmen gilt[22]. So sollen die im ersten Teil des vorliegenden Buches zu rekonstruierenden katholischen, reformatorischen und täuferischen Entwicklungen Münsters – und tatsächlich kommt es auf alle drei Stationen dieses Weges gleichermaßen an – im Verlauf vom zweiten Teil des Buches daraufhin zum Sprechen gebracht werden, inwieweit das Täuferreich eher dem mittelalterlichen Denken verhaftet blieb oder in seiner Hauptlinie für einen religions- und sozialgeschichtlichen Aufbruch in die Moderne steht.

II. Kapitel

DAS KATHOLISCHE MÜNSTER UM 1500

Geostrategisch war Münster zu Beginn des 16. Jahrhunderts eine Stadt innerhalb des Heiligen Römischen Reiches, des „größten und zugleich differenziertesten Staatsgefüges innerhalb der Christenheit“[23]. Seine Grenzen reichten von der Nordseeküste zwischen Seeland und Flandern und trennten den Hennegau, Luxemburg, Lothringen, die Franche-Comté und Savoyen von Frankreich ab. In Italien verlief die Grenzlinie nördlich des Kirchenstaates und umschloss die Lombardei – nicht jedoch Venedig – sowie weiter die Herzogtümer Kärnten und Krain im Südosten, bevor sie sich zwischen Österreich und Ungarn nach Norden wandte. In Richtung Nordosten teilte sie Böhmen, Mähren, die schlesischen Fürstentümer, Brandenburg und Pommern vom Königreich Polen ab. Die Ostsee westlich von Danzig umschloss den Kreis[24]. Über diesem Staatsgefüge stand ein König, der kraft der päpstlichen Krönung als (Heiliger) Römischer Kaiser und nominell als Herr über die Christenheit galt.

Von den Städten verfügten die Kleinstädte am Übergang vom 15. zum 16. Jahrhundert über höchstens 2.000 Einwohner, die Mittelstädte hatten bis zu 10.000 Einwohner, wohingegen die Großstädte auf mehr als 10.000 Einwohner kamen[25]. Münster – dieser Vorausblick sei gestattet – mit seinen zu Beginn des 16. Jahrhunderts etwa 9.000 Einwohnern befand sich demnach unter den „größeren Mittelstädten“, nachdem die Stadt um 1400 – also vor der Pest – noch 10.000 Einwohner in ihren Mauern beherbergt hatte[26]. Allgemein lag die Einwohnerzahl der damals etwa 4.000 deutschen Städte weitaus niedriger als heutzutage: „Für eine Klassifizierung der mittelalterlich-spätmittelalterlichen Städte nach der Größe ihrer Bevölkerungsziffern müssen die modernen Größenordnungen auf mindestens zehnfach verkleinerte mittelalterliche Maßstäbe übertragen werden."[27] So verfügten lediglich gut fünf Prozent der deutschen Städte am Beginn der Reformation über mehr als 2.000 Einwohner, gerade mal ein halbes Prozent zählte zu den Großstädten[28].

Die blühende wirtschaftliche Lage einer Stadt zeigte sich nicht allein in ihrer Einwohnerzahl, sondern gleichermaßen in ihrem Eintreten zugunsten der Armen. Und in dieser Hinsicht hatte Münster Beachtliches zu bieten: Einem Zeitgenossen zufolge soll Münster, wo es um 1500 etwa 1.800 Häuser gab, damals mehr Armenhäuser und Stiftungen innerhalb der Stadtmauer beherbergt haben als jede andere deutsche Stadt[29]. Gewiss spiegelt dieser Vorzug das Engagement einer um ideale Christlichkeit bemühten Stadt wider – mit ihren Kirchen, Persönlichkeiten und Kommunitäten.

1. Die ‚Sakro-Topographie' der Stadt

„Was anderes ist die Stadt", schrieb Erasmus von Rotterdam 1518, „als ein großes Kloster?"[30] Als Münster mit dem Ende des 12. Jahrhunderts verfassungsrechtlich städtische Qualität erlangte[31], war damit auch der Prozess der Stadt- und Gemeindebildung abgeschlossen. Freilich schauten der Bischof auf der einen und die Kaufleute auf der anderen Seite aus je unterschiedlichem Blickwinkel auf die Stadt. Aus der Perspektive des Bischofs lässt sich die Stadtwerdung Münsters rückblickend als eine aufgegipfelte

Sakralisierung beschreiben[32], wie sie sich vor allem architekturgeschichtlich niederschlug; denn fast zeitgleich erfolgten um 1200 die Errichtung des Westwerks und der Türme am Dom, die Anlage von St. Martini im Norden und St. Ludgeri im Süden des Domes, St. Servatii im Osten sowie der Neubau von St. Marien Überwasser im Westen, so dass die ‚Sakro-Topographie' des Bischofssitzes hinsichtlich ihres Grundrisses von der Gestalt eines Kreuzes geprägt war. 1278 wurde zudem die Stadtmauer geschlossen, die die verfasste Bürgergemeinde mit ihren Wohn- und Arbeitsplätzen, überdies die Immunitäten schützte. Allein das Stift St. Mauritz hatte seinen Sitz vor der Stadt, wohingegen Überwasser links der Aa als städtische Teilsiedlung im Verlauf der Jahrhunderte voll in die Stadt integriert wurde.

Aus der Perspektive des Bürgertums lässt sich die abgeschlossene Stadtwerdung im ausgehenden 12. Jahrhundert als eine „‚Verbürgerlichung' der ‚geistlichen Stadt'" charakterisieren; denn neben dem bereits beschriebenen topographischen Kreuz, das den Dom im Mittelpunkt hatte, konnte man aus der Anlage der Stadt auch ein konkurrierendes Kreuz herauslesen. So rückte die Stadtkirche St. Lamberti mit Rathaus und Märkten in das Zentrum eines von St. Martini, St. Ludgeri und St. Aegidii gebildeten Kreuzes[33].

Vergleicht man den Stadtgrundriss des ausgehenden 12. Jahrhunderts mit demjenigen von 1533 – also dem Anfang des Täufertums von Münster –, ergeben sich weitreichende Übereinstimmungen: in der räumlichen Ausdehnung der Stadt, durch die zehn Stadttore des 13. Jahrhunderts im mittelalterlichen Mauerring sowie durch die Hauptkirchen[34]. So standen der Einwohnerschaft Münsters immerhin acht große Kirchen zur Verfügung: Neben dem Dom waren dies – abgesehen von der kleinen Pfarrkirche St. Servatii – die Hauptpfarrkirche St. Lamberti, die Pfarr- und

Stiftskirchen St. Marien Überwasser, St. Martini und St. Ludgeri, die Pfarr- und Klosterkirche St. Aegidii, die Klosterkirche der Franziskaner St. Catharinen (heute Apostelkirche) sowie die Dompfarrkirche St. Jacobi[35]. Von deutlicher Prägekraft für das Gesamtstadtbild waren zudem die Giebelreihe der Bogenhäuser im Stadtzentrum sowie der Prinzipalmarkt mit dem Rathaus. Doch aus welcher Perspektive man den Grundriss der Stadt Münster im ersten Quartal des 16. Jahrhunderts auch betrachtete – der Dom und die Lambertikirche waren die dominant-zentralen Sakralbauten der Stadt. Angesichts dieser hohen Bedeutung von Dom und St. Lamberti als jeweiliger Mittelpunkt eines ‚innerstädtischen Kirchenkreuzes' darf es rückblickend nicht verwundern, dass sich in Münster zahlreiche Aktivitäten sowohl der Reformatoren als auch der Täufer am Dom und an St. Lamberti – eben an den traditionsreichen Stationen des katholischen Lebens – abspielten.

2. Kirchliche Schlüsselpersonen

Da sich das ‚Sakrotop Münster' nicht allein durch die in zweifacher Weise kreuzförmig angeordneten Kirchengebäude konstituierte, sondern gleichfalls durch den Klerus und die geistlichen Kommunitäten getragen wurde, bedürfen auch diese das Heilige verkörpernden Persönlichkeiten und Gemeinschaften einer ausdrücklichen Würdigung. Vor allem vermag dieses Panorama zu veranschaulichen, dass hier im ersten Quartal des 16. Jahrhunderts zahlreiche kirchliche Gemeinschaften angesiedelt waren, denen es darum ging, Münster als Abbild des himmlischen Jerusalem auszugestalten. Somit kann auch die Stadt Münster an der Schwelle zum 16. Jahrhundert als Beleg für die aktuell in der Forschung vertretene These von der Vielfalt und Reformfreudigkeit innerhalb der christlichen Frömmigkeit am Übergang vom Spätmittelalter zur Frühneuzeit gelten.

Gewiss kam dem Bischof einer Stadt zwischen Spätmittelalter und Frühneuzeit als Landesherr auch die Funktion eines politischen Vaters zu[36]. Grundlegender aber war seine Bedeutung als geistlicher Vater gegenüber den ihm anvertrauten Christen. Als Nachfolger der Apostel und Stellvertreter Christi in seinem Bistum verkörperte er die Rückbindung seines Sprengels sowohl an Rom als Ort des Wirkens einiger Apostel als auch an Jerusalem als Ort des Grabes bzw. der erhofften Wiederkehr Christi. Angesichts dieser ‚heiligen Doppelbindung' galt der Bischof als der oberste Heilsvermittler und berufene Organisator innerhalb seiner Diözese: Er war erster Liturge und Seelsorger und beraumte Diözesansynoden an, um strittige Kirchendinge zu klären und möglichst keinen Christen auf dem Weg zum ewigen Jerusalem verloren gehen zu lassen. Er weihte den Klerus, damit dieser den Gläubigen die Sakramente spendete und die Getauften zu einer am Neuen Testament ausgerichteten Lebensweise anleitete. Eigenhändig oder durch einen Sonderbeauftragten, den Weihbischof, erteilte der Bischof den bereits getauften Christen die Firmung.

Trotz der für das Heil der Gläubigen zentralen Position des Bischofs wohnte der oberste Hirte seit dem 12. Jahrhundert nicht mehr in Münster, sondern auf den Landesburgen. Der ihm zugeordnete Domklerus sowie die Dombediensteten hatten ihre Häuser gleich nebenan, wohingegen die Kleriker der oben genannten Stadtkirchen in unmittelbarer Nähe ihrer jeweiligen Gotteshäuser wohnten.

Parallel zur irdischen Hierarchie der Kirche, die unter Teilnahme der Gläubigen bei der Feier des Gottesdienstes in die himmlische Liturgie einstimmte, hielten die mittelalterlichen Christen die

Vorstellung einer himmlischen Hierarchie aller Heiligen lebendig. Die Heiligen, die einerseits ihre Gräber auf Erden gefunden hatten, glaubte man andererseits im Himmel als Sängerinnen und Sänger der himmlischen Liturgie gegenwärtig. Ja, aufgrund ihrer „irdisch-himmlischen Doppelexistenz“[37] vertraute man auf jene den Heiligen offenstehende Möglichkeit der Fürbitte bei Gott, mehr noch: auf ihre Vermittlung von göttlicher Kraft für die Menschen. So ging man christlicherseits ursprünglich vom spätantiken Patronats- und Klientelwesen aus, um die Beziehung zu den Heiligen zu beschreiben, kehrte dann aber mit den an den Heiligen gewonnenen idealen Maßstäben zur gesellschaftlichen Wirklichkeit zurück und gestaltete sie neu: das himmlische Patronat als Vorbild des irdischen[38]. Auf dieser Grundlage entwickelte sich das christliche Selbstverständnis im Mittelalter noch einen Schritt weiter: der himmlische Patron nicht nur als Vorbild, sondern als realer Patron auch auf Erden[39].

Rückblickend lässt sich für die Stadt Münster noch bis in die 1520er Jahre die Gültigkeit der im Mittelalter selbstverständlichen Gleichung nachweisen, dass sich die Einwohner einer Stadt umso sicherer fühlten vor inneren und äußeren Bedrohungen, je mehr Patrone die Stadt in ihren Mauern beherbergte. So hing die Lebensqualität einer Stadt – anders als heutzutage – nicht an der Infrastruktur von Schulen und Geschäften, sondern vielmehr an der Quantität der Reliquien und der Wirkmächtigkeit der in ihren Knochen zugunsten der Stadtbewohner gegenwärtigen Heiligen.

3. Geistliche Kommunitäten

Maßgeblich wurde das christliche Leben zu Beginn des 16. Jahrhunderts von zahlreichen geistlichen Männer- und Frauenkommunitäten mitgetragen, die ihren Auftrag darin sahen, in geistlicher und karitativer Hinsicht zugunsten des Gemeinwohls einzutreten.

Neben dem Inhaber des Bischofsamtes wirkten zu Beginn des 16. Jahrhunderts in Münster 41 Domherren, die als Domkapitulare zugleich das Domkapitel bildeten. Auch ihr geistlicher Einsatz diente dem Ziel, die Stadt von aller Profanität zu reinigen und sie als Abbild des himmlischen Jerusalem zu gestalten: Als klösterlich lebende Klerikergemeinschaft bestand ihr Auftrag darin, die Liturgie an der Mutterkirche eines Bistums zu tragen, ja den Zusammenklang der himmlisch-irdischen Liturgie an der Hauptkirche in Gang zu halten. Überdies erfüllte die Hauptkirche einer Diözese – wie idealiter jede Kirche – die Funktion eines karitativen Zentrums[40]. So hatte auch Liudger († 809), der erste Bischof Münsters, an der Schwelle zum 9. Jahrhundert eine Klosterkommunität um sich geschart, die sich über die Feier der Liturgie hinaus der Sorge um die Bedürftigen annehmen sollte. Aus vielen dieser klösterlichen Niederlassungen an Bischofskathedralen – so auch in Münster – wuchs über Jahrhunderte hinweg das Institut der Domkapitulare hervor[41], ja erstanden Kathedralkomplexe, an denen man die Liturgie feierte und den Bedürftigen aufhalf.

Beachtung als ‚geistliche Stützpunkte' der Stadt zu Beginn des 16. Jahrhunderts verdienen die Kollegiatstifte[42]; denn auch die Kleriker dieser Gemeinschaften hatten seit Jahrhunderten daran mitgewirkt, die Stadt mittels des himmlisch-irdischen Austausches in der Liturgie umso heiliger zu gestalten, ja sie als Abbild des himmlischen Jerusalem herzurichten: „Als Kollegiatstift bezeichnet man etwa seit dem 12. Jahrhundert (...) das Kollegium von Kanonikern an der Kollegiatkirche, und zwar als Niederstift im Gegensatz zu den als Hochstiften bezeichneten Domkapiteln, dessen geschichtliche und verfassungsmäßige Entwicklung es weitgehend teilte."[43] Im einen wie im anderen Fall versahen diese Kleriker den Gottesdienst an der jeweiligen Kirche, wobei die Lebensfähigkeit ihrer Gemeinschaft in materieller Hinsicht von einer Stiftung abhängig war, welche den Geistlichen den Unterhalt gewährleistete[44].

Nach dem Domkapitel galt das Kollegiatstift von St. Mauritz als das bedeutendste Stift im Bistum Münster. In der 2. Hälfte des 11. Jahrhunderts auf einer bis dahin im Besitz des Bischofs oder des Domkapitels befindlichen Hofstätte gegründet, gehörte zum Stift vielleicht schon von Anfang an die Pfarrei St. Mauritz[45]. Während der Propst die Leitung des Kollegiatstiftes innehatte und er zugleich eines der seit 1487 insgesamt 12 Kapitelsmitglieder war, oblag dem Dechanten seit 1177 die Verantwortung für die Einhaltung der Gottesdienstordnung in Stift und Kirchspiel. Seit 1330 wurde er darin durch zwei Kapläne unterstützt. Auf einer dieser beiden Positionen wirkte seit 1529 Bernhard Rothmann, der bald schon reformatorisch predigte. – In der kirchlichen Topographie Münsters hatte das Kollegiatstift von St. Mauritz eine herausgehobene Position, verfügte es doch seit dem 13. Jahrhundert über eine Stiftsschule für die Ausbildung angehender Geistlicher[46]. So wirkten die Kleriker am Kollegiatstift St. Mauritz wie auch an den innerstädtischen Kollegiatstiften St. Martini und St. Ludgeri aufgrund der dort jeweils betriebenen schulischen Ausbildung in besonderer Weise als Multiplikatoren für das Ideal gelebter Christlichkeit in der Stadt.

Im Rückblick dürfen die Kollegiatstifte Münsters als theologisch vitale Zentren gelten, die über Jahrhunderte hinweg dem mittelalterlichen Ideal der christlichen Stadt gedient hatten. Nur nebenbei sei hier erwähnt, dass die Kleriker an einigen Münsteraner Kollegiatstiften diese Tradition seit Beginn der 1520er Jahre, also längst vor dem Ausbruch der Reformation in Münster, durch persönliche Kontakte zu führenden Humanisten und Reformatoren ‚ergänzten' oder bereits in Frage zu stellen begannen.

Im Dienste der christlich-idealen Stadt standen am Vorabend der Reformation in Münster weiterhin einige klösterliche Männergemeinschaften, welche Münster durch ihre Feier der Tagzeiten und der Heiligen Messe näher an den Himmel heranzubringen suchten. Unter ihnen sind zunächst die Ritter des Deutschen Ordens zu nennen, von denen sich 1524 immerhin noch sieben Mitglieder in Münster befanden, bevor der Konvent schließlich durch die Täuferherrschaft ausgelöscht wurde[47]. Von gleichfalls begrenzter Reichweite war die seit dem 13. Jahrhundert bezeugte kleine Gemeinschaft der Johanniter an der Bergstraße[48]; ebenso die Kommunität der Minoriten, die sich im 14. Jahrhundert anlässlich einer Pestepidemie in Münster größte karitative und seelsorgliche Verdienste erworben hatte. Das Kloster an der Neubrückenstraße (heute: Apostelkirche) diente 1534/1535 der Beherbergung auswärtiger Täufer[49], übrigens ebenso die Georgskommende der Deutschherren und die Johanniterkommende.

Als die womöglich bedeutendste männliche Gemeinschaft Münsters im Spätmittelalter sind die Fraterherren hervorzuheben. Diese auf Gert Groote († 1384) aus dem niederländischen Deventer zurückgehende, auch als „Devotio moderna" bekannte Initiative zeichnete sich grundlegend durch die Geschwisterlichkeit unter den Mitgliedern aus. So hegte ihr Gründer das Ideal vom brüderlichen Zusammenleben jenseits aller Scheidungen in Kleriker, Mönche und Laien. Anhand dieser Prämisse suchte er das Bewusstsein dafür zu schärfen, dass alle Stände dem Ideal der Verchristlichung von klösterlichem Lebensumfeld und pulsierender Stadt gleichermaßen verpflichtet waren.

In Münster hatten die hier seit 1400 ansässigen „Brüder vom gemeinsamen Leben"[50] im 15. und frühen 16. Jahrhundert größere Bedeutung erlangt, wie sich vierfach belegen lässt. Erstens war das Münsteraner Haus bis in seinen Namen „Zum Springborn" hinein dem Worte Gottes und dessen Verbreitung mittels Schriftlichkeit verpflichtet. Die Umgestaltung der Stadt zu einem Abbild des himmlischen Jerusalem hing für die Devoten mehr denn je von der Orientierung an Schlüsseltexten der Heiligen Schrift ab: „Wer aber von dem Wasser trinken wird, das ich ihm gebe, den wird ewiglich nicht dürsten, sondern das Wasser, das ich ihm geben werde, das wird ihm ein Brunnen des Wassers werden, das in das ewige Leben quillt" (Joh 4,14) – so lautete das Motto der Münsteraner Niederlassung. Zweitens muss das am Krummen Timpen (früher Honekamp) gelegene Fraterherrenhaus – wie bereits angedeutet – als das erste Haus der „Devotio moderna" in Deutschland gelten. Drittens gingen von diesem die Gründungen weiterer Ordenshäuser in Deutschland aus und viertens wurde von hier aus auch deren organisatorischer Zusammenschluss bewerkstelligt[51]. So nahm Münster besonderen Anteil an der vorwärtsweisenden christlichen Prägekraft der „Devotio moderna" im hiesigen Raum: „Der nord- und westdeutsche Humanismus ist gar nicht zu denken ohne die Brüder vom gemeinsamen Leben in Deventer und seine Pflanzstätten."[52] Zwar gingen mit dem Aufkommen der gedruckten Bücher sowohl die noch blühende Schreibtätigkeit der Brüder, die sie als Teil ihres gottesdienstlichen Tuns übrigens nicht zuletzt für ‚externe' Auftraggeber verrichteten, als auch die Pergamentbereitung und die Buchbinderei der gedruckten Bücher zurück; doch in Münster war die aus zwölf Mitgliedern bestehende Niederlassung der Devoten zu Beginn der 1530er Jahre noch ebenso geistlich angesehen wie geschäftlich erfolgreich[53].

Über die männlich dominierten Kapitel-, Kollegiat- und Ordensgemeinschaften hinaus blühten in Münster zu Beginn des 16. Jahrhunderts auch zahlreiche weibliche Gemeinschaften, welche sich gleichermaßen selbstverständlich um christliches Leben in der Stadt bemühten. Freilich hatten sie im Vergleich zu den Männerkommunitäten einen gewissen ‚Standortnachteil'; denn angesichts der ihnen dargebrachten Spenden an Geld und Naturalien konnten sie als Gegenleistung zwar für die Geber beten, allerdings zu deren Gunsten nicht das Messopfer – die größtmögliche geistliche Leistung – darbringen[54].

Unter den weiblichen Kommunitäten nahm die Gemeinschaft an der Pfarrkirche von St. Marien Überwasser eine bedeutende Rolle ein[55]. Die im 15. Jahrhundert erfolgte Umwandlung des vormaligen Kanonissenstiftes in ein Benediktinerinnenkloster geschah übrigens „im Zusammenhang mit der spätmittelalterlichen Reformbewegung"[56]. Doch vermochte dieses Mühen um ein strenges religiöses Leben nicht zu verhindern, dass sowohl das Kloster als auch die dazugehörige Pfarrei während der 1530er Jahre in den Strudel der religiösen Turbulenzen hineingeriet: Gegen den Widerstand der Äbtissin wurden zwei lutherische Prädikanten eingesetzt. 1533 vollzogen mit Ausnahme der Äbtissin und zwei ihrer Schwestern alle übrigen Konventsmitglieder den Bruch mit dem alten Glauben; 1534 verließen sie das Kloster, um sich den Täufern anzuschließen[57].

Als „erstes Zisterzienserinnenkloster in Westfalen" sind die im ausgehenden 12. Jahrhundert gegründeten Zisterzienserinnen an St. Aegidii zu berücksichtigen, deren Äbtissin den Propst der dazugehörigen Pfarrgemeinde einsetzte, ohne dass diese im ausgehenden 15. Jahrhundert mehrfach reformierte und seit 1468 benediktinisch gewordene Gemeinschaft allerdings in den reformatorischen Wirren Münsters eine entscheidende Rolle spielte[58].

Schließlich gilt es die kleineren weiblichen Gemeinschaften in den Blick zu nehmen, die das Leben in der Stadt Münster über Jahrhunderte hinweg bis zum Aufkommen der reformatorisch-täuferischen Unruhen mittelalterlich-christlich bereicherten. Unter ihnen nahmen die Beginenhäuser eine Schlüsselstellung ein. Seit ihrem Aufkommen im 13. Jahrhundert suchten die Beginen als fromme Frauen – zumeist Jungfrauen oder Witwen – ohne ein auf Dauer angelegtes Gelübde sowie ohne approbierte Regel allein, meist aber in Gemeinschaften unter der Leitung einer *magistra,* ein klösterliches Leben zu führen. Beginen, die ihr Gebetsleben mit karitativer Tätigkeit kombinierten, welche sie übrigens oftmals außerhalb ihrer Häuser ausübten[59], fanden sich in Münster wahrscheinlich schon seit der Mitte des 13. Jahrhunderts unter anderem im Kirchspiel Überwasser (Haus Rosental). Nachdem man dort nach 1508 endlich die vom Bischof geforderte Augustinerregel eingeführt hatte[60], allerdings weiterhin am Gemeindegottesdienst in der Überwasserkirche teilnahm, wurden die Frauen in den Wirren der Reformation vertrieben. Ihr Kloster diente den Münsteraner Täufern in der Folge als Gefängnis; man inhaftierte dort jene Frauen, die sich der von den Täufern schließlich geforderten und noch zu erläuternden Vielehe widersetzten[61]. Eine weitere Beginengemeinschaft – Haus Hofringe – befand sich seit der Mitte des 14. Jahrhunderts an der Jüdefelderstraße. Auch diese Frauen besuchten den Gottesdienst in der Überwasserkirche. Wie sich das Schicksal dieser Gemeinschaft unter den Einwirkungen der täuferischen Wirren veränderte, ist allerdings nicht bekannt[62]. Seit der Mitte des 13. Jahrhunderts bestand ein Beginenhaus an St. Ludgeri. Das bereits 1418 von einem Beginenhaus zu einem Haus der „Schwestern vom gemeinsamen Leben" umgewandelte Haus Mariental (Niesing) lag seit 1451 südlich der Servatii-Kirche[63]. Ohne dass man über die Entwicklung der einzelnen Beginenhäuser im 15. und 16. Jahrhundert jeweils genauere Informationen zur Verfügung hätte[64], kann kein Zweifel daran bleiben, dass sich einzelne Beginengemeinschaften im ausgehenden Mittelalter anderen Ordensregeln anschlossen. So übernahm das Beginenhaus Ringe 1491 die dritte Regel des Franziskanerordens, bevor angesichts der Herausforderungen durch die Münsteraner Täufer einige Schwestern abfielen und andere vertrieben wurden[65].

Rückblickend verfügte Münster zu Beginn des 16. Jahrhunderts demnach über eine Vielfalt an freilich zahlenmäßig kleineren geistlichen Frauengemeinschaften – allesamt bemüht, den himmlisch-irdischen Austausch zu befördern und Münster zu einem Abbild des himmlischen Jerusalem zu gestalten.

Insgesamt ist mit Blick auf die geistlichen Kommunitäten in der Stadt Münster zu Beginn des 16. Jahrhunderts festzuhalten, dass die Frauenkommunitäten wie auch die Männerklöster ihren Beitrag zum religiösen Leben in der Stadt selbstverständlich leisteten. Dem christlichen Ideal in seiner traditionell-mittelalterlichen Ausprägung sahen sie sich sogar derart verpflichtet, dass ihnen – abgesehen von einigen Seelsorgern an den Kollegiatstiften St. Martini und St. Mauritz[66] – kein initiierender Anteil am Beginn der Reformation in Münster zukam: „Klöster haben in Münster weder bei den Anfängen der Reformation noch bei deren bald folgender Radikalisierung bis hin zur Täuferherrschaft (1533–1535) eine entscheidende Rolle gespielt. Sie wurden vielmehr Opfer der Entwicklung. Viele ihrer Kirchen fielen Bilderstürmereien, Verwüstungen oder fast völligen Zerstörungen (so die Kollegiatstifte St. Martini und St. Mauritz) anheim. Viele wurden nach Flucht oder Vertreibung ihrer Konvente Täufern, die nach Münster einströmten, als Unterkünfte zugewiesen (z. B. Minoritenkloster,

Schwesternhaus Niesing, Fraterherrenhaus, Georgskommende des Deutschen Ordens, Schwesternhaus Rosental; letzteres als Gefängnis für Frauen)."[67]

4. Bruderschaften

Über die bereits genannten Kommunitäten hinaus wurde das Religions- und Sozialleben der Stadt Münster am Übergang vom Spätmittelalter zur Frühneuzeit maßgeblich von den (Laien-) Bruderschaften mitgetragen. Als Ausdruck einer von oben bis unten korporativen mittelalterlichen Gesellschaft[68] sorgten sich – ebenso wie die geistlichen Gemeinschaften – auch die Mitglieder der Bruderschaften um die Wahrung der Bande zwischen den Lebenden und den Verstorbenen der Stadt; denn auf diesen Zusammenhalt kam es an, sollte die Stadt erfolgreich geheiligt und zum Abbild des himmlischen Jerusalem umgestaltet werden. Ja, indem sich die Bruderschaften im Sinne „ständeübergreifender Verbrüderungen vom Kaiser bis zum Ärmsten"[69] vor allem der Armen- und der Totensorge verschrieben, verrichteten die Mitglieder einerseits Werke der Barmherzigkeit (Mt 25,31–46), für die sie sich zugunsten ihrer eigenen Person ewigen Lohn versprachen; andererseits zeigten sie sich solidarisch mit jenen, die ihr Los nicht mehr aus eigener Kraft zu wenden vermochten und deshalb um der Erlangung des ewigen Lebens willen auf die Fürbitte der Lebenden angewiesen waren[70]: „Im Grunde war das korporative Leben des Mittelalters ein Versuch", so ließen sich die Bruderschaften umfassend einordnen, „die urchristliche Abendmahlsgemeinschaft (…) unter den Bedingungen hierarchisch-ständischer Herrschaftsgliederung als Muster für das gesellschaftliche Leben insgesamt zu übernehmen."[71]

Die Mitgliederzahl einer Bruderschaft konnte variieren, allerdings auch zahlenmäßig begrenzt sein; jedenfalls gab es in dieser Hinsicht keine verbindliche Norm. Der Gründungsurkunde der Münsteraner Bruderschaft „Unserer lieben Frau" von St. Aegidii in Münster zufolge sollte die Anzahl der Mitglieder 72 betragen und somit der angenommenen Anzahl der Jünger des Herrn entsprechen; die Anzahl der zugelassenen Priester war – nunmehr eine deutliche Anspielung auf die Anzahl der Apostel Jesu – auf 12 begrenzt. 48 Mitglieder der Bruderschaft sollten innerhalb der Pfarrei wohnen, die übrigen außerhalb. In diesem Zusammenhang verdient es Beachtung, dass sowohl die Zahl 48 als auch die Zahl 24 – die Zahl der verbleibenden Mitglieder von außerhalb der Gemeinde – von hintergründig symbolischem Gehalt ist, insofern sich beide Zahlen durch 12 – die Anzahl der Apostel – dividieren lassen. Ohne Übertreibung lässt sich von dieser Zahlensymbolik eine innere Nähe der priesterlichen und der nichtpriesterlichen Mitglieder einer Bruderschaft zueinander ableiten; denn beide Gruppen waren aufeinander angewiesen: Die Laien opferten ihre Gaben, und die Priester brachten Gott diese Gaben im Messopfer dar – zum Heil der Lebenden und der Toten.

Im Rückblick ist festzuhalten, dass das Kernanliegen der Bruderschaften mit demjenigen der übrigen geistlichen Kommunitäten der Stadt übereinstimmte: Mit Hilfe der irdischen Gabe, einerlei ob vom Priester gegenüber Gott dargebracht oder durch Laien gegenüber dem Himmel ‚unvermittelt' gegeben[72], erhoffte man sich im Gegenzug Gottes Wohlfahrt für die Stadt und für sich selbst im Diesseits wie im Jenseits. Kurzum: Mit Hilfe der Logik von menschlicher Gabe und göttlicher Gegengabe suchte man die Stadt Münster heilig zu machen und sie als Abbild des ewigen Jerusalem erstrahlen zu lassen.

5. Elemente der verfassten Bürgerschaft

Die Einwohner, die im Übergang vom Spätmittelalter zur Frühneuzeit am religiösen Leben der Stadt teilnahmen oder es sogar aktiv mittrugen, beteiligten sich zugleich an der Gestaltung des kommunalen Lebens in Münster; denn entsprechend damaliger Vorstellung ließen sich das religiöse und das kommunale Leben nicht voneinander trennen. Vielmehr handelte es sich um zwei Seiten einer einzigen Medaille[73].

Während sich die Getauften aus christlicher Perspektive sowie entsprechend mittelalterlicher Vorstellung unterteilten in Geweihte und Laien, differenzierte die Verfassung einer mittelalterlichen Stadt deren Einwohner vierfach: Unter der Prämisse, dass sich die Bewohner in dem Anliegen geeint sahen, ihre Stadt nach Kräften zu einem Abbild des himmlischen Jerusalem aufzuerbauen, unterschied man zwischen jenen Einwohnern, die über einen eigenen Haushalt (in der Regel über Hausbesitz) verfügten und aufgrund ihres Eides – übrigens auf der Basis der schon gegebenen, ‚clanüberwindenden' Gemeinschaft in der Eucharistie[74] – das Bürgerrecht erworben hatten[75], sowie jenen, die in eigenen Rechtskreisen lebten (zum Beispiel Geistliche und Juden), dabei ebenso vermögend wie die Bürger sein konnten und wie diese den Schutz der Stadt genossen. Überdies hielten sich Gäste in der Stadt auf, von vornehmen Kaufleuten bis zum einfachen fahrenden Volk. Schließlich sind als vierte Gruppe die Angehörigen der Unterschichten zu nennen, die nicht selten am Rande des Existenzminimums lebten und kaum über politische Einwirkungsmöglichkeiten verfügten[76].

Die Leitung der Stadt Münster, die seit dem 14. Jahrhundert in den Händen der Bürger lag, nahm ein jährlich gewählter Stadtrat aus 24 Ratsherren wahr[77]. An seiner Spitze standen zwei Bürgermeister, die aus dem Rat gewählt wurden. Seit 1335 tagte der Rat im damals neu erbauten Rathaus am Prinzipalmarkt.

Bis zur Mitte des 15. Jahrhunderts war es Nicht-Patriziern[78] beinahe unmöglich, einen Sitz im Rat zu erhalten; die Ratssitze verblieben über Generationen hinweg innerhalb weniger münsterischer Familien. Da die Ratssitze also nicht – wie es neutestamentlichem Anspruch genügt hätte – gemäß dem Maß des administrativen Könnens einzelner Bürger vergeben, sondern innerhalb der Blutsbande einiger Clans weitervererbt wurden[79], bezeichnete man die Vertreter dieser Familien auch als „Erbmänner" und ihre Familien im Sinne einer sozialen Auszeichnung als „Erbmännerfamilien". Dieses städtische Patriziat, das in Münster seit dem 14. Jahrhundert nachweisbar ist, zeichnete sich unter anderem durch Lebensführung ohne handwerkliche Arbeit aus, ja verfügte über reiche materielle Möglichkeiten zur Wahrnehmung öffentlicher Ämter, vor allem über bedeutenden Haus- und Grundbesitz[80], wie eine Orientierung anhand des Stadtplans veranschaulicht: „Die großräumigen Besitzungen der Erbmänner, bestehend aus Wohnhaus mit Garten, Wirtschaftsgebäuden und Höfen, sind auf dem Vogelschauplan deutlich von den dicht nebeneinanderliegenden Bürgerhäusern zu unterscheiden. (…) Die meisten dieser Erbmannshöfe (…) können quellenmäßig bis ins 16. und 15. Jahrhundert zurück verfolgt werden, sicher sind sie noch weit älter."[81]

Als Ausdruck der seit dem 15. Jahrhundert ökonomisch und sozial gestiegenen Bedeutung der Kaufleute und Handwerker unternahmen diese vielerorts Anstrengungen, sich in Gilden zu organisieren sowie in den Stadträten selbst Sitz und Stimme zu erlangen und ihre Interessen nicht länger von den Patriziern vertreten zu lassen. Die Mitglieder dieser Gilden – hier im Sinne von ‚Berufsverbänden' – treffen Vereinbarungen und geben sich eine Satzung, wobei Konsens und Vertrag auf einem gegenseitig geleisteten Versprechenseid sowie auf einem gemeinsam eingenommenen Mahl beruhten[82]. – In Münster reicht die Entstehung einzelner Gilden (hier verstanden im allgemeinen Sinne von ‚Berufsverbänden' unter Einschluss der Handwerkszünfte[83]) bis in die Phase der Stadtgründung zurück. Jede der im 15. Jahrhundert insgesamt 17 Gilden Münsters verfügte über zwei entweder von den Gildebrüdern gewählte oder vom Rat eingesetzte Gildemeister als Vorsteher, denen die Aufsicht über die Einhaltung der jeweiligen Gildeordnung oblag. Diese Satzungen regelten auch das religiöse Brauchtum, genauerhin das im Dienste an der innerstädtisch gelebten Christlichkeit stehende Opfern von Naturalien und Gebeten bzw. Messen[84].

Schließlich organisierten sich 1410 die 17 Gilden von Münster in der im Schohaus am Alten Fischmarkt ansässigen Gesamtgilde[85], welche von zwei so genannten Olderluden geleitet wurde. Die Wahl der Olderlude erfolgte in den sechs als Leischaften bezeichneten ‚Nachbarschaftsbezirken' der Stadt: in den Leischaften Überwasser, Jüdefelder, Aegidii, Ludgeri, Lamberti sowie Martini. Es verdient Beachtung, dass die beiden Leiter der Gesamtgilde allein im Einverständnis mit den 34 Gildemeistern entscheiden konnten, während die Gildemeister in ihrem Abstimmungsverhalten an die Mehrheitsentscheide ihrer jeweiligen Gilde gebunden waren. Bis zum 16. Jahrhundert vermochten die Gilden ihren Einfluss auf den Rat der Stadt so weit auszudehnen, dass sie „die gesamte Selbstverwaltung der Stadt Münster in ihren Händen" hielten und die über Jahrhunderte hinweg dominanten Erbmännerfamilien immer mehr aus dem kommunalen Leben herausdrängten[86].

Mit Blick auf die verfassungsgeschichtliche Entwicklung Münsters ist herauszustellen, dass man hier – im Unterschied zu anderen Städten des 15. Jahrhunderts – die 17 Gilden auf relativ reibungslose und konfliktfreie Weise in die kommunale Führung einzubeziehen vermochte[87]. Damit wandelte sich die zweigliedrige Stadtverfassung aus Rat und Gemeinheit zu einer dreigliedrigen, bestehend aus Rat, Gemeinheit und Gesamtgilde. Umfassender erläutert: Die zweigliedrige Verfassung sah im Rahmen der städtischen Selbstverwaltung zwei Organe vor, erstens den Rat aus Patriziern und zweitens die Gemeinheit, zu der alle Vollbürger zählten, die nicht zu den amtierenden Ratsherren und deren Familien rechneten. Dagegen gelangte im Rahmen der dreigliedrigen Verfassung über den Rat und die Gemeinheit hinaus als drittes Organ noch die Gesamtgilde zu Einfluss. Diese konkurrierte in Münster nicht mit der Gemeinheit; vielmehr suchten beide als ‚Lager der Bürger' die Oligarchisierung des Rates nach Kräften zurückzudrängen und gemeinsame Sache zu machen.

6. Ausblick: Die Bedrohung der mittelalterlichen Christlichkeit

In Münster kam es 1525 im Kontext einer reichsweiten Häufungswelle innerstädtischer Streitigkeiten zu einem schweren Konfliktfall[88]. Die Bürger standen nicht nur dem Domkapitel gegenüber, sondern dem gesamten Klerus der Stadt. Sie begehrten dagegen auf, dass die Geistlichen und ihre Immunitäten im Unterschied zu den übrigen Einwohnern der Stadt weiterhin keinerlei Steuern zahlten, obgleich sie mitunter neben den von ihnen eigentlich zum Stadtwohl geforderten religiösen Aufgaben in die handwerkliche Produktion eingestiegen waren[89]. So beabsichtigten die Bürger die Beschneidung der „politischen, wirtschaftlichen, rechtlichen, sozialen, sexuellen und sakralen Macht" auf Seiten des Klerus[90], ohne jedoch das traditionelle Konzept christlichen Zusammenlebens insgesamt in Frage zu stellen, welches der menschlichen Gabe, der priesterlich-eucharistischen Vermittlung und der göttlichen Gegengabe bedurfte. Im Gegenteil: Bürgerlicherseits suchte man dieses Leitmodell durch einen Verweis des Klerus auf seine eigentlichen geistlichen Aufgaben sogar noch zu optimieren. Zu diesem Zwecke verfasste man einen Maßnahmenkatalog, der den Klerus ‚bessern' sollte und dem das Domkapitel – von den Gilden erzwungen – am 1. Juni 1525 zustimmte. Genauerhin sollte der Klerus unter anderem seine steuerlichen Vorzüge verlieren, auf die Einhaltung des Zölibats verpflichtet werden und von gewinnorientierter handwerklicher Tätigkeit absehen. Kleriker und geistliche Gemeinschaften, so könnte man die aus dem Mittelalter übernommene hintergründige Leitidee paraphrasieren, seien umso wirkungsvoller zugunsten der Einzel- wie der Kommunalanliegen, je mehr sie als weltabgewandte Asketen abseits aller profanierenden Einflüsse lebten; denn Gott erhöre am ehesten die Bitten jener Menschen, die die biblischen Forderungen für die Christusnachfolge (Verlassen von Familie und Heimat, Hab und Gut) in möglichst radikaler Weise beherzigten.

Freilich sollte es dem Bischof im Verein mit dem Domkapitel bereits ein Jahr nach dem Beschluss vom 1. Juni 1525 gelingen, die genannten Maßnahmen wieder außer Kraft zu setzen[91] – mit der Folge, dass damit die lutherischen Anfänge in Münster begünstigt wurden.

Das „Gilde-Essen“ von Hans Holbein d. J. (um 1497–1543) zeigt die Üppigkeit beim Festessen der Gildebrüder. Wie selbstverständlich trug man auch Waffen, Tätlichkeiten wurden an Ort und Stelle geschlichtet.

III. Kapitel

EVANGELISCHES LEBEN IN MÜNSTER

Als sich in Münster zu Beginn der 1530er Jahre die Hinweise auf eine mögliche Entwicklung hin zum lutherisch geprägten Christentum, insofern hin zur evangelischen Stadt zu verdichten begannen, war die Reformation in verschiedenen Territorien und Städten des Reiches bereits eingeführt, wie der Blick auf das Kurfürstentum Sachsen, die Landgrafschaft Hessen, das Herzogtum Braunschweig-Lüneburg, die großen süddeutschen Reichsstädte (Straßburg, Nürnberg, Ulm, Frankfurt), die Stadt Zürich und einige Schweizer Kantone oder führende norddeutsche Hansestädte (Lübeck, Hamburg, Bremen, Rostock, Braunschweig, Magdeburg) zeigt[92]. Auch in Westfalen vermochten sich zwischen 1526 und 1532 evangelische Kirchenordnungen durchzusetzen, die sich vom mittelalterlichen Konzept idealer Christlichkeit abwandten. Exemplarisch verweisen ließe sich auf die Städte Minden[93], Herford[94], Soest[95] oder Lemgo[96]. – Wie verlief in der Stadt Münster die Entwicklung des lutherisch geprägten Christentums – gewissermaßen der Zwischenschritt zwischen katholischer und täuferischer Christlichkeit?

1. Bernhard Rothmann – Initiator der Reformation in Münster

Die Anfänge der reformatorischen Unruhen in Münster sind mit keinem Namen so maßgeblich verbunden wie mit Bernhard Rothmann. Nahe fühlte er sich dem Humanismus mit seiner Aufgeschlossenheit für kirchliche und theologische Reformimpulse. Mehr noch: Bernhard Rothmann orientierte sich am „humanistischen Netzwerk“: gedanklich, geographisch und organisatorisch – zumindest so lange, bis er 1533 die Kindertaufe preisgab[97]. – Doch verlief seine Biographie zuerst einmal unauffällig: Geburt 1495 in einem katholischen Handwerkerhaushalt in Stadtlohn nahe der niederländischen Grenze, in seiner Kindheit und Jugend zuerst Besuch der Domschule in Münster, dann Fortsetzung der Ausbildung bei den Fraterherren in Deventer, im Anschluss daran Tätigkeit als Lehrer in der östlich von Münster gelegenen Stadt Warendorf, schließlich Studium der Freien Künste in Mainz. Anstatt sich neuerlich einer schulischen Tätigkeit zuzuwenden, begab sich Bernhard Rothmann von der Universität Mainz aus in den kirchlichen Dienst. Er wurde zum Priester geweiht und mit einer Pfründe am St. Mauritz-Stift ausgestattet. Offenbar übernahm er im Jahre 1529 oder kurz darauf eine viel beachtete, freilich in ihren Inhalten nicht mehr rekonstruierbare Predigertätigkeit in der dazugehörigen Stiftskirche[98].

Wenn sich Bernhard Rothmann seit 1530 an St. Mauritz zunehmend vom römischen Christentum abwandte und entschieden die reformatorischen Ansichten in den Mittelpunkt stellte[99], bleiben die genauen Inhalte seiner verloren gegangenen Predigten auch für diese Phase seines homiletischen Wirkens im Dunkeln. Offenbar gab Bernhard Rothmann in der Spur Martin Luthers († 1546) die „Zweiseitigkeit von göttlich-menschlichem Wirken“, also von menschlicher Gabe und göttlicher Gegengabe, zunehmend preis; und damit auch das „Mischungsverhältnis“ von menschlichem und göttlichem Beitrag zum Heil des Menschen. Entsprechend dem von Martin Luther favorisierten Konzept der Heiligung gilt Gott allein als derjenige, der den Menschen annimmt; für den Menschen kommt es angesichts dieser Grundüberzeugung allein darauf an, sich das göttlich zugesprochene ‚Ja' vertrauensvoll zueigen zu machen: „Die Reformation gewinnt (…) den archimedischen Punkt ihres gesamten Glaubens- und Weltverständnisses in einem alles bestimmenden Punkt außerhalb der Welt, [nämlich] in der Allwirksamkeit, insbesondere in der schenkenden Barmherzigkeit Gottes, die keine Rücksicht nimmt auf die Qualität und Moralität der Welt, sondern alle Welt bei ihrer selbstsüchtigen Bosheit und kreatürlichen Erbärmlichkeit behaftet."[100]

Im Anschluss an seine mehrmonatige Tätigkeit als Prediger von St. Mauritz 1530/31 brach Bernhard Rothmann im Frühjahr 1531 ohne Genehmigung seiner geistlichen Vorgesetzten zu einer weiten Reise auf. Diese finanzierten nicht – wie es eigentlich üblich gewesen wäre – die Stiftsherren von Münster, sondern die Münsteraner Kaufleute, die sich von den lutherischen Idealen in Bernhard Rothmanns Predigten angesprochen fühlten. So mag dieses ‚Sponsoring' als wichtiges Indiz für eine tatsächlich zwischenzeitlich erfolgte Hinkehr Bernhard Rothmanns zum theologischen Ideal Martin Luthers dienen. In diese Richtung deutet auch ein aussagekräftiges Ereignis unmittelbar vor Antritt seiner Reise: Die Anhänger Bernhard Rothmanns hatten in der Nacht zum Karfreitag liturgische Geräte aus der St.-Mauritz-Kirche herausgetragen und die Kanzel ausgebaut, so dass der Geistliche seine Predigt am nächsten Morgen nicht im heiligen Raum der Kirche, sondern im Freien auf dem Kirchhof von St. Mauritz hielt[101]. Die Kirche als leergeräumte, gewissermaßen von Bildern und Sakralgegenständen beruhigte Kulisse seiner Schriftauslegung mag den Zuhörern den Bruch mit der katholischen Tradition vor Augen geführt haben: Zukünftig sollte das Heil der Gläubigen nicht mehr vom Einsatz der Priester, der traditionellen Paramente und der sonstigen Kirchenausstattung abhängen; stattdessen glaubte man alles von Gott selbst abhängig, der sein Heil unter dem von ihm geschaffenen Himmelszelt allen Menschen vorbehaltlos zuteile, anstatt es entsprechend dem früheren Glauben im Zusammenwirken mit Bischöfen und Klerus unter einem kirchlichen Dach ‚abgestuft' zu vergeben.

Unbeeindruckt von den beschriebenen Vorkommnissen nahm Bernhard Rothmann seinen Weg in Richtung Marburg. Dort besuchte er Erhard Schnepf († 1558), der seit 1528 eine Professur in Marburg bekleidete und „auf die Sicherung reformatorischer (...) Theologie" bedacht war[102].

In Wittenberg, der zweiten Station seiner Reise, begegnete Bernhard Rothmann dem großen Reformator Martin Luther zwar nicht persönlich; doch kam er immerhin mit Philipp Melanchthon († 1560) zusammen und übergab diesem ein Schreiben mit Fragen, das er an Martin Luther weiterreichen sollte.

Schließlich führte ihn der Weg nach Straßburg und damit zum „Hauptumschlagplatz für häretische Schriften zwischen 1522 und 1534"[103]. Dort traf er die Reformatoren Wolfgang Capito († 1541) und Kaspar von Schwenckfeld († 1561), beides Männer von hoher Bildung. Mit Wolfgang Capito, einem der „prominentesten Verfechter der Reformation in Süddeutschland"[104], begegnete Bernhard Rothmann geradezu einer Schlüsselfigur innerhalb des weit verzweigten protestantischen Kontaktnetzes; denn Capito war über seine Prägekraft für den Straßburger Protestantismus hinaus auch überregional wider das mittelalterlich-römische Christentum aktiv, schließlich – ebenso wie Kaspar von Schwenckfeld – ein Wortführer in der Auseinandersetzung mit den damals in Straßburg schon umtriebigen Täufern[105].

„Reformator zu sein, bedeutete Wanderschaft."[106] Zum einen konnte sich Bernhard Rothmann so in die lutherische Lehre vertiefen; zum anderen war er in seiner westfälischen Heimat begehrt wegen seines theologisch vorwärtsweisenden Expertentums. Jedenfalls gelangte Bernhard Rothmann nach seinem Aufenthalt in Straßburg an die Stiftskirche von St. Mauritz zurück und predigte dort ebenso publikumswirksam wie ehedem[107]. Doch kompromissloser als zuvor richtete er sich inhaltlich allein noch an der Heiligen Schrift aus: Was nicht mit der Heiligen Schrift übereinstimmte, galt ihm im Anschluss an Martin Luther als bedeutungslos und sollte in der Kirche keine Berechtigung mehr haben. Damit kehrte er der mittelalterlich geprägten Christlichkeit mit ihrem frommen Hochleistungsstreben mehr denn je den Rücken und wandte sich endgültig ab von der Pflege einer devoten Elitefrömmigkeit, um fortan allein die von Gott bedingungslos bejahte Gemeinschaft der Getauften in den Mittelpunkt seines theologischen Nachsinnens zu stellen.

Insgesamt war die theologische Entwicklung während der 1530er Jahre dadurch geprägt, dass mittlerweile jene Religiosität, die Christen seit Jahrhunderten als heilig gegolten hatte, durch Reformatoren wie Bernhard Rothmann radikale Ablehnung erfuhr; denn ebenso wie diese Neuerer glaubten, dass der alleinige Mittler des Heiles niemand anders als Jesus Christus selber sei, sprach man auch der Liturgie ihre heiligmachende Wirkung ab. Ja, wenn unter dieser Prämisse als heilig neben der göttlichen Dreieinigkeit allein jeder Getaufte galt, so musste das ärgste Konsequenzen nach sich ziehen: für die Wertschätzung der Priester und Bischöfe ebenso wie für die bis dahin dominanten Weisen der Heilsvermittlung zugunsten der Lebenden und Verstorbenen (Sakramente, Segnungen, Ablässe, Gebetsbruderschaften etc.) samt der dafür vorgesehenen heiligen Gegenstände, heiligen Orte und heiligen Zeiten. Während dieser Zusammenhang im Maßnahmenkatalog von 1525 für Münster erstmalig als Abwendung vom ‚katholischen Münster' ins Wort gebracht worden war, fasste Bernhard Rothmann seine reformatorische Lehre im Jahr 1532 bekenntnisartig und umfassend zusammen[108].

Insgesamt wird man Rothmann bestätigen können, dass er klar erfasst hat, worum es in der von Wittenberg her bestimmten Reformation ging[109]. Mit dem Selbstbewusstsein, das ‚wahre Christentum' gefunden zu haben, wandte er sich an den katholischen Klerus mit einer lateinisch formulierten Bitte um eine öffentliche Disputation. Es war der Schweizer Reformator Huldrych Zwingli († 1531), der mit seinem Erfindergeist diese Veranstaltungsform aus der Universität in die Stadt bzw. aus dem Hörsaal in den Rathaussaal verpflanzt hatte, so dass sie fortan der Wahrheitsfindung in den theologischen Streitigkeiten sowie der Friedewahrung in den kommunalen Konflikten dienen konnte[110]. Entsprechend übermittelte Bernhard Rothmann die Aufforderung zur Disputation in niederdeutscher Übersetzung an die Laien, um auch diese mitbeurteilen zu lassen, ob seine Ausführungen „mit den heiligen Schriften und dem Evangelium übereinstimmten"[111]. Bemerkenswerterweise beantwortete der Klerus das von Bernhard Rothmann vorgetragene theologische Ansinnen – anders als die Bürgerschaft – lediglich mit Schweigen.

2. Die Theologie Luthers als Zündstoff innerstädtischer Zwietracht

Dem Bischof und dem Domkapitel von Münster, überdies den Stiftsherren von St. Mauritz konnte weder Bernhard Rothmanns Parteinahme für das lutherische Konzept der Heiligung verborgen bleiben noch seine weiter angestiegene öffentliche Resonanz. Trotz eines drei Mal vom Domkapitel ausgesprochenen Predigtverbotes blieb der Kaplan seinen Auffassungen treu und uneingeschränkt aktiv. Erst als sich das Domkapitel dafür stark machte, Bernhard Rothmann aus den bischöflichen Landen zu vertreiben, sollte die Unterbindung seiner Predigttätigkeit in St. Mauritz zum Erfolg führen. Doch die Bürger setzten sich zugunsten der lutherischen Lehre und ihres Vertreters Bernhard Rothmann ein. Ihr hintergründiges Ziel bestand darin, Bernhard Rothmann – gewissermaßen ‚am Bischof vorbei' – kurzerhand als Pfarrer von St. Lamberti zu installieren.

In der Folge wurde Bernhard Rothmann im Sinne eines Vorzeichens der kommenden Ereignisse als erstes in direkter Nachbarschaft zu St. Lamberti im repräsentativen Haus der Kramergilde am Alten Steinweg (heute: Nummer 6) untergebracht[112]. Bernhard Rothmanns Quartier lässt – wie zuvor die Finanzierung der Reise nach Wittenberg und Straßburg – erkennen, dass reiche und angesehene Kaufleute seinen Schutz in die Hand genommen hatten und seine Anhängerschaft anführten. Nicht zuletzt konnten sie aufgrund der städtischen Verfassung über ihre im Rat sitzenden Olderlude – also die Vertreter der Gilden und der Gemeinheit – die Ideale der Rothmann-Unterstützer in politische Beschlüsse umsetzen helfen; denn der Rat war mit seinen beiden Olderluden gehalten, stets im Konsens mit der Gesamtgilde und der Gemeinheit zu handeln und zu entscheiden[113]. Rückblickend lässt sich die von Münsteraner Bürgern betriebene Einsetzung von Bernhard Rothmann als Pfarrer der neben dem Dom wichtigsten Kirche Münsters kaum überschätzen; sie muss als der „erste Schritt in die reformatorische Neuordnung der Stadtgesellschaft von Münster" gelten[114].

Im Rahmen weiterer Initiativen wandte sich die Gemeinheit im Januar 1532 an die Olderlude, um ihnen ihre Unterstützung für „de frame vnd gelerde her Bernd Rotman Cappelan“ brieflich vorzutragen[115]. Die Gemeinheit zeigte sich überzeugt, dass der alte Glaube ebenso wie die um seinetwillen geleisteten Werke „vnrecht“ waren[116] und der Rat vor dem Bischof die neuerliche Anstellung von Bernhard Rothmann als Prediger nicht trotz seines neuen Heiligungskonzeptes, sondern wegen diesem, erwirken möge[117]. Genauerhin sollten die Olderlude auf Bitten der Gemeinheit ihren Beitrag dazu leisten, dass sich der Rat an die Spitze des Protestes gegen den Bischof setzte.

Im folgenden Monat, am 18. Februar 1532, wurde Bernhard Rothmann durch die Gemeinde in das Pfarramt von St. Lamberti gewählt und wenige Tage später als Pfarrer installiert[118]. Und nachdem er am 19. Mai 1532 im Fraterherrenhaus dem Klerus seine Theologie überzeugend vorgetragen hatte, änderte auch der Rat seine bis dahin bischofstreue Meinung und begann sich für die theologischen Positionen ihres St.-Lamberti-Pfarrers einzusetzen.

Um das Kräftespiel zwischen dem am 1. Juni 1532 zum Bischof gewählten Grafen Franz von Waldeck († 1553) auf der einen und dem für Rothmanns Anliegen grundsätzlich aufgeschlossenen Rat auf der anderen Seite zugunsten der lutherischen Sache nachhaltig zu verschieben, ergriff die Gesamtgilde am 1. Juli 1532 die Initiative. So wählte man an diesem Tag einen aus den 34 Gildemeistern sowie 36 weiteren Männern bestehenden Ausschuss. Der Auftrag dieser 70 Männer bestand darin, als Vertreter der Einzelgilden die Gildenführung zu unterstützen[119] und dafür Sorge zu tragen, dass in Münster allein die wahre Lehre des Evangeliums verkündet würde[120]. Die Verhandlungen zwischen den Gildevertretern und dem Rat im Juli 1532 erbrachten ein Ergebnis, das

Karl-Heinz Kirchhoff knapp zusammenfasst: „Alle verfassungsmäßigen Organe der Stadt schlossen am 15. Juli ein Abkommen, das die weitere Entwicklung des evangelischen Lebens in Münster ermöglichte."[121]

Bernhard Rothmann sah sich durch den Beschluss des Ausschusses ermutigt, an der Universität Marburg sogleich geeignete Theologen als Prediger für die Stadt anzufordern[122]. Beinahe gleichzeitig beschloss der Rat die oben zitierte Vereinbarung: Jedwedes altgläubige Predigen sollte unterbunden und stattdessen angekündigt werden, dass neue Prädikanten eingestellt und alle Missbräuche abgestellt würden[123]. Im Hintergrund dieser Forderung stand die aus anderen Städten bekannte Erfahrung, dass sich die neugläubigen Prediger als Anführer der evangelischen Bewegung hervorgetan hatten[124]. Bereits am 10. August 1532 wurden am Versammlungsort der Gesamtgilde, im Schohaus, die neuen Prediger in ihr Amt eingesetzt. Mit dieser vom Rat gebilligten Maßnahme war das Ziel Bernhard Rothmanns erreicht, das reine Evangelium, näherhin die lutherische Lehre, zur verbindlichen Stadtreligion zu erheben.

3. Auflistung altgläubiger Missbräuche gegenüber dem Rat

Während der Bischof in einem zweiten Mahnschreiben vom August 1532 gefordert hatte, die im Sinne von Bernhard Rothmann vorgenommenen kirchlichen Veränderungen sofort wieder rückgängig zu machen[125], legten Bernhard Rothmann und die ihm von der Stadt an die Seite gegebenen Prediger eine Auflistung all jener liturgischen Gepflogenheiten gegenüber dem Rat vor, die sie als gottesdienstliche Missbräuche ansahen. Der Rat seinerseits reichte die Zusammenstellung mit der Bitte um Stellungnahme an den Klerus weiter[126].

Die den Altgläubigen vorgehaltenen 16 Missbräuche bilanzieren die Folgen der Abkehr vom traditionellen hin zu dem von Martin Luther stark gemachten Heiligungskonzept. So prangerten die Beschwerdeführer als erstes die Defizite im Bereich des Abendmahles an: Die Feier des Abendmahles sei kein Opfer, das dem einmaligen Leiden Jesu Christi wie eine Folge weiterer Opfer hinzugefügt werde, sondern der Opfertod Jesu Christi sei ein jedem Christen geltendes Geschenk, das ausreichend sei, um die Sünde aller Welt hinwegzunehmen (Art. 4); alles andere käme einer Geringschätzung des Todes Christi gleich (Art. 1). Der Vorsteher des Abendmahles sei zudem nicht der alleinige Heilsmittler bei dieser Feier, der aufgrund seiner Priesterweihe als ‚heiliger Mann' die Anliegen und Opfergaben der vermeintlich weniger heiligen Getauften an den göttlichen Herrn weiterreiche; stattdessen optiert Bernhard Rothmann zugunsten der einen Heiligkeit und Gottunmittelbarkeit, die allen Christen bei ihrer Taufe in gleicher Fülle verliehen worden sei und die auch im Rahmen des gemeinsam gefeierten Abendmahles zur Wirkung käme. Es sei nicht recht, dass die heilige Kommunion allein in der Gestalt des Brotes anstatt unter den Gestalten von Brot und Wein ausgeteilt würde (Art. 6).

Die Anbetung des heiligen Brotes in Häusern und bei Umgängen sei eine schwere „affgoderye" (Art. 7). Bernhard Rothmann und seine Getreuen insistieren darauf, dass Brot und Wein beim Abendmahl „to syner [Jesu Christi] gedechtnisse genotten werden". Womöglich deuten die Vorschriften, die das Abendmahl betreffen, auf eine von den Altgläubigen bereits zu diesem Zeitpunkt abweichende Auffassung von Brot und Wein bei der Feier des Abendmahles durch Bernhard Rothmann hin: Während außerhalb des Abendmahles Brot Brot bleibe und Wein Wein bleibe, bezeichnet er sie im Kontext des Abendmahles als „Sakrament". Diese sprachliche Auffälligkeit ist von Bedeutung, weil Bernhard Rothmann zugleich die Behauptung zurückweist, dass mit der Rezitation der Einsetzungsworte ein Sakrament, der Leib Christi, gemacht werde (Art. 8). Martin Brecht bringt den theologisch folgenschweren Wandel auf den Punkt: „Die Vorstellung der Realpräsenz von Leib und Blut Christi scheint aufgegeben."[127]

Seelenmessen, Vigilien oder Jahrgedächtnisfeiern für Verstorbene hätten, so ist der ‚Mängelliste' weiter zu entnehmen, keinerlei Begründung in der Heiligen Schrift (Art. 9).

Ebenso wie Bernhard Rothmann und seine Gefolgsleute die Heilsmittlerschaft der Priester ablehnen, wenden sie sich auch gegen Gesänge wie das ‚Salve Regina', weil damit ein gänzlich ungerechtfertigtes Vertrauen auf die zwischen Erde und Himmel vermittelnde Nothilfe der Heiligen zum Ausdruck gebracht werde (Art. 13). Nicht einmal Gegenstände dürften in einer Weise zum Einsatz gelangen, als ob sie heilige Kraft übertragen könnten. So wettern die Kritiker entschieden gegen liturgische Öle, Kerzen, Weihwasser, Glocken oder Salz, da sie diesen Gegenständen allesamt die heilsmittlerische Funktion absprechen (Art. 14).

Ein weiteres Thema der Missbrauchsliste ist die Feier der Liturgie in der lateinischen Sprache; in einer Sprache, so ist zu erläutern, die als heilig gelte, obgleich die Gemeinde sie nicht verstehen könne. Besonders die Taufe möge in der Muttersprache gespendet werden, so fordern die Kritiker der in Münster bis dahin üblichen liturgischen Gepflogenheiten; ihnen erscheint der von den Altgläubigen geübte Taufritus in lateinischer Sprache auch deshalb als tadelnswert, weil die Feier der Initiation jedem Anwesenden zugleich die christliche Kernbotschaft mahnend und verstehbar in Erinnerung rufen müsse (Art. 11).

Aufs Ganze sollte die Aufzählung der altgläubigen Missbräuche „eine weitgehende Destruktion des bestehenden Kultus“ bewirken[128]. Als ‚heilig‘ gelten nicht länger die Personen, Riten und Gegenstände, die den Altgläubigen entsprechend dem mittelalterlichen Sakralisierungskonzept von heilsmittlerischer Bedeutung sind; stattdessen werden allein die drei göttlichen Personen als heilig gepriesen, überdies die Überlieferungen der heiligen Schriften, die es durch die gleichfalls heiligen Getauften aus freiem Herzen gläubig anzunehmen gelte. – Vor dem Hintergrund dieser theologisch favorisierten Ansichten ist zu fragen, welche Wege die Reformation in Münster ging, nachdem sie immer breitere Kreise erfasst hatte und in gewisser Weise über die Person Bernhard Rothmanns hinausgewachsen war.

4. Militärische Initiativen auf dem Weg in die evangelische Stadt

Für Bernhard Rothmann und seine Getreuen war die Reaktion der Altgläubigen auf die Auflistung der religiösen Missbräuche in der Stadt enttäuschend[129]. Gleichermaßen muss der Einsatz des Rates in Münster für das von Martin Luther angestoßene Heiligungskonzept rückblickend insgesamt als reserviert bezeichnet werden[130]. Immerhin versprach man sich auf der Seite des Rates vom Eintritt des Johann von der Wieck († 1534) in städtische Dienste mögliche Fortschritte zugunsten einer innerstädtisch-friedlichen Hinkehr zum Luthertum; denn dieser Münsteraner kannte aus eigener Anschauung sowohl das kirchliche Machtzentrum Rom als auch den

Ausgangspunkt der Reformation und deren Träger, war überdies in Bremen als Sprecher der evangelischen Bürger aufgetreten und hatte sich dort für die Abschaffung katholischer Bräuche engagiert[131].

Es verdient Beachtung, dass die Hinkehr der Stadt Münster zur Reformation ab der Mitte des Jahres 1532 auch von militärischen Auseinandersetzungen begleitet war. Tatsächlich ließ der Bischof Ende Oktober einige Landstraßen sperren, um die Zufuhr von Lebensmitteln in die Stadt zu unterbinden[132]. Der Rat seinerseits entschied, immerhin 300 Mann mit dem militärischen Schutz der Stadt zu betrauen[133].

Am 6. November 1532 riefen die Olderlude alle Gildegenossen und alle übrigen Bürger der Gemeinheit zum Schohaus. Dort forderte die Gesamtgilde die Versammelten auf, öffentlich eine Entscheidung für oder gegen das Evangelium zu fällen. Genauerhin ging es um den Beschluss, ob man in der Stadt weiterhin dem alten oder künftighin dem neuen Heiligungskonzept folgen wollte. Eben diesem Ziel diente der Aufruf zur Schwurleistung aller wehrwilligen Bürger der Stadt, mit der man die Unterscheidung zwischen den wehrwilligen Bürgern einerseits und den zu Verteidigungsleistungen ungewillten Bürgern andererseits beabsichtigte[134]. Damit ergab sich für die Bürger Münsters zum ersten Mal eine weitreichende Deckungsgleichheit zwischen dem religiösen und dem politischen Gemeindebegriff. Tatsächlich kann man diesen Akt als „förmlichen Zusammenschluss aller lutherischen Bürger“ charakterisieren[135].

Mehr noch zeigte sich die politische Bedeutung der am 6. November konstituierten Schwurgemeinschaft, als in der Nacht zwischen dem Weihnachts- und dem Stephanustag (26. Dezember 1532) etwa 900 Bewaffnete, 600 aus der Bürgerschaft sowie weitere 300 Stadtsoldaten, nach Telgte ausrückten und 18 angesehene

Herren als Geiseln mit nach Münster zurückbrachten[136], darunter drei Patrizier aus Münster, drei Domherren und fünf bischöfliche Räte von Adel. Diese hatten sich mit dem Bischof in Telgte versammelt, um dort über weitere Maßnahmen gegen die Stadt zu beraten. Den Landesherren selbst traf man bei dem nächtlichen Überfall nicht an; er war am Tag zuvor außerplanmäßig fortgeritten[137]. Trotzdem hatte der Rat mit der beschriebenen Maßnahme erwiesen, dass er zur Verteidigung seiner Ziele gewillt und fähig war. Mehr noch: Der Rat, immer wieder angetrieben durch das Engagement der Olderlude, setzte seine Vorbereitung für einen Verteidigungskrieg gegen den Landesherrn unvermindert fort[138], ließ es aber darüber hinaus nicht an diplomatischen Bemühungen zur Lösung der städtischen Religionskrise fehlen.

5. Theologische Initiativen auf dem Weg in die evangelische Stadt

Die Verhandlungen, an denen über die Stadt hinaus unter anderem auch der Bischof und das Domkapitel beteiligt waren, mündeten am 14. Februar 1533 in einen Vertrag (sog. „Vertrag von Dülmen")[139]. Diese Vereinbarung half, die aktuellen Spannungen innerhalb der Stadt erträglich zu halten, ohne freilich eine längerfristige Perspektive für die konfessionelle Entwicklung in der Stadt zu eröffnen. Im Gegenteil: Das mit der Überschrift „Friedensbestimmungen" versehene Vertragswerk schreibt das in der Stadt vorfindliche Nebeneinander von altgläubigem und neugläubigem Christentum fest[140], ohne dass die Einzelbestimmungen oder der Gesamtduktus des Dokumentes näherhin verraten, wie derlei alltagskonkret umgesetzt werden könnte. So sollte die Stadt zwar die

Verfügungsgewalt über die Kirchen in Händen halten; doch durfte der bisherige – größtenteils altgläubig-bischofstreue – Klerus im Amt verbleiben, freilich zurückgedrängt auf den Dombezirk, die Klöster sowie die Stiftskollegien[141].

Vor allem die beiden einleitenden Artikel des Vertrages bringen das eigentlich unvereinbare Nebeneinander von altgläubigen Klerikern und neugläubigen Predigern auf den Punkt: „Der Bischof als der Herr im Glauben im Dienste der christlichen Religion wird den Münsteranern keine Gewalt antun. Stattdessen wird er ohne Widerwillen jenen erlauben, dass sie das Wort Gottes haben und festhalten und dasselbe in seinen sechs Pfarrkirchen (Lamberti, Ludgeri, Marien-Überwasser, Aegidii, Martini, Servatii) rein und ohne irgendeine falsche Beimischung durch seine Prediger ausbreiten; dass sie die Sakramente in eben diesen Kirchen spenden und die heiligen Handlungen vollziehen. Auch die Bürger wird der Bischof im Streit des Glaubens und der Religion unter dem Urteil des Rates belassen. Dennoch wird er dafür sorgen, dass alles dem Evangelium und dem Wort Gottes gleichförmig ist, solange bis durch das allgemeine, offene und christliche Konzil (...) etwas Sicheres entschieden ist.“ Diese Weisung aus Art. 1 wird im folgenden Artikel aufgegriffen und hinsichtlich der Verpflichtungen erläutert, die sich daraus für die Stadt ergeben: „Auch die Münsteraner [i. e. die Stadt Münster] werden den Bischof, das Kapitel und die übrigen [geistlichen] Gemeinschaften, nachdem die sechs zuvor erwähnten Pfarreien mit ihrer Religion und ihrer Lebensweise wahrgenommen worden sind, so lange respektieren, bis der allmächtige Gott dies anders bestimmt.“ Ausdrücklich insistiert der Vertrag auf der friedlichen Koexistenz zwischen den altgläubigen Klerikern und den neugläubigen Predigern; auf beiden Seiten solle der „Zügellosigkeit der Zunge“ Einhalt geboten werden (Art. 2).

Das auch für die Zukunft als maßgeblich festgeschriebene Nebeneinander von Altgläubigen und Lutheranern stellt der Schlussartikel (Art. 16) nochmals ausdrücklich fest, indem er jedweder ‚Straßenblockade-Politik' eine Absage erteilt: „Zuletzt wird dem Klerus, jedem für sich, eine sichere Rückkehr in die Stadt offenstehen. Und niemandem von jenen wird wechselseitig die Freiheit zum Hin- und Hergehen und zum Zurückkehren von den Stadtbewohnern genommen werden."

Im Rückblick zeigt sich, dass der am 14. Februar 1533 geschlossene Vertrag in Wirklichkeit keinen Schlusspunkt hinter den münsterischen Konflikt zwischen den Altgläubigen und den Neugläubigen setzte, sondern ihn vielmehr aufs Neue eröffnete, ja ihn in bis dahin unbekannter Schärfe hervortreten ließ. Tatsächlich sollte das gemeinsame Aushalten der religiösen „Hybridität als Preis für die [städtische] Einheit" in Münster in diesem Moment keine Zukunft haben[142].

Bald nach seiner Installation machte sich der am 3. März 1533 neu gewählte, inzwischen mehrheitlich lutherisch besetzte Rat daran, ein Gesetzgebungsprogramm zur Etablierung Münsters als einer evangelischen Stadt auf den Weg zu bringen. Im Kern zielt der Entwurf darauf ab, das Nebeneinander von altem und neuem Heiligungskonzept in der Stadt durch eine Kirchenverfassung abzulösen und Münster dem lutherischen Heiligungskonzept entsprechend auszurichten.

Einige der als „Grundzüge einer evangelischen Kirchenverfassung"[143] vorgesehenen Maßnahmen beziehen sich auf die jeweiligen Kirchengemeinden, andere Einrichtungen sollten zentral für die gesamte Stadt eingeführt werden. So sollten zwei Prediger für jede Pfarrgemeinde zuständig sein[144]. Genauerhin wird erstens der Tatbestand festgehalten, dass die Gemeinden ihre Prediger selbst wählen; zum zweiten erläutert die Kirchenverfassung den Modus dieser Wahl. Schließlich waren die Prediger streng auf die vom Rat festgelegten religiösen Gebräuche verpflichtet[145].

Über die Prediger hinaus sieht die Kirchenverfassung einen obersten Schullehrer für die Stadt vor, dessen Zuständigkeit sich zugleich auf die Festlegung eines am neuen Heiligungskonzept ausgerichteten Bildungskanons bezieht[146]. Zudem wurden vom Rat zwei Gelehrte bezahlt, die die heiligen Schriften des Alten und des Neuen Testamentes lesen und interpretieren sollten[147].

Grundsätzlich neu wurde die Armensorge geregelt. Die Opferkästen in den Kirchen – Ausdruck der Spendenfreudigkeit der Gläubigen zugunsten der Interzession von Heiligen und kirchlichen Amtsträgern – sollten abgehängt und stattdessen Diakone ausgewählt werden, die das im Gottesdienst unter der Predigt gesammelte Almosen sowie die anderen dafür vorgesehenen Kirchengelder an die wahrhaft Bedürftigen austeilen sollten[148].

Sechs Zensoren oder Prüfer mit hervorragendem Lebenswandel wurden für die Mithilfe angesichts von Ehestreitigkeiten eingesetzt: „Sie sollen die Streitigkeiten, die in der Ehe überall auftreten, an Samstagen an einem geeigneten Ort untersuchen und schlichten." Ausdrücklich liegt die Begründung für diese Aufgabe in der hohen Bedeutung der Ehe für das Gemeinwohl[149].

Über die personelle Ausstattung der reformatorischen Stadt Münster hinaus widmet sich der zweite Teil der Kirchenverfassung wichtigen Fragen der Sittenzucht. Für alle gegen die wahre Frömmigkeit gerichteten gotteslästerlichen Vergehen sollte die Exkommunikation zwei oder drei Mal angedroht und bei fortdauernder Unbußfertigkeit schließlich ausgesprochen werden. Für den Fall, dass auch die Exkommunikation den Sünder nicht zum Einlenken zu bewegen vermochte, sollte sich jedenfalls die weltliche Obrigkeit der Sache annehmen; denn hartnäckige Sünder hätten nicht allein gegen Gott gesündigt, sondern sie hätten „durch ihr schlechtes Lebensbeispiel den Staat verletzt“, um deshalb „vom Rat des öfteren ermahnt zu werden“[150]: Auf ein oder zwei Ermahnungen durch den Rat sollten die Ratsherren bei fortdauernden Verstößen eine schwere Strafe verhängen.

Die Reichweite des neu geregelten Umgangs mit Verfehlungen zeigt sich nicht zuletzt anhand der Tatsache, dass er auch auf bis dahin im weltlichen Recht nicht strafbare Vergehen zur Anwendung kommen sollte: Falsches und leichtfertiges Schwören; Flüche; Gotteslästerung; Entheiligung der Festtage durch unnütze und nicht notwendige Arbeiten; Vernachlässigung im Hören des Wortes Gottes; Störung der heiligen Predigten durch Flöten und Handpauken oder andere Weisen der Ruhestörung; Undankbarkeit der Kinder gegenüber ihren Eltern; Ehebruch; Hurerei; Trunkenheit; Verschwendung durch Maßlosigkeit oder Würfel- bzw. Glücksspiel; Falschaussage; üble Nachrede; Wucher[151].

Auf der Basis des in seinen Hauptmaßnahmen rekonstruierten Entwurfes für eine Kirchenverfassung entwickelte Bernhard Rothmann wenige Wochen später im April 1533 die angekündigte Kirchenordnung. Er reichte das Werk an den Rat weiter, welcher es dem Landgrafen zur Begutachtung vorlegte. Dieser beauftragte seinerseits die Marburger Theologen mit der Prüfung, bevor er die Ordnung und das Ergebnis der Prüfung nach Münster zurücksandte. Im Resultat lehnten die Marburger Theologen die von Bernhard Rothmann zugrunde gelegte Auffassung von den Sakramenten ab.

Obwohl von der Kirchenordnung lediglich die Sittenzuchtordnung und die Zusammenfassung erhalten sind[152], während das entsprechende Marburger Gutachten gänzlich verloren gegangen ist[153], kann kein Zweifel daran bleiben, dass sich angesichts dieses ‚Prüf-Ergebnisses' der Konflikt zwischen Bernhard Rothmann und dem Rat zuspitzen musste. Denn während der Rat am neuen Heiligungskonzept lutherischer Prägung festhielt, hatte Bernhard Rothmann es in seiner Kirchenordnung zwischenzeitlich weiter entwickelt und radikalisiert. So hielten der Rat und die Lutheraner weiterhin an der Kindertaufe sowie an der leibhaftigen Gegenwart Jesu Christi in den Elementen des Abendmahles fest, wohingegen sich Bernhard Rothmann inzwischen offenbar von diesen Positionen entfernt hatte.

Die zuletzt beschriebene Weiterentwicklung des lutherischen Heiligungskonzeptes kommt in der so genannten „Wydderantwort" vom 24. Juli 1533 zum Ausdruck, die die Prediger der Stadt Münster unter Beteiligung von Bernhard Rothmann als Reaktion auf das Marburger Gutachten verfassten[154]. Das Dokument, das nicht zuletzt die Ablehnung der Kindertaufe intoniert, ist als erster Ausdruck einer Entwicklung zu verstehen, die nochmals über die evangelische Kirchenordnung und deren Heiligungskonzept hinausweist, ja mit der die täuferische Entwicklung in Münster ihren unverkennbaren Anfang nahm.

6. Der Streit um die Kindertaufe

Die „Wydderantwort", also die knappe Reaktion der Prediger in Münster auf das aus Marburg eingegangene theologische Gutachten lutherischer Prägung, hält zwar – mit Luther – an der Pfarrer- und Diakonenwahl sowie an der Beurteilung der Predigt durch die Gemeinden weiter fest[155]. Jedoch bestreitet sie nachdrücklich das wittenbergische Verständnis der Sakramente, indem sie Christus selbst als das einzige göttliche Zeichen wertschätzt und die Versiegelung durch den Heiligen Geist geschehen sieht[156]. Am eindrücklichsten lässt sich diese neue, auf den Herrn Jesus Christus hin zugespitzte Ausrichtung des Sakramentenverständnisses anhand der Ausführungen zur Kindertaufe veranschaulichen.

Unter der gemachten Voraussetzung, dass die Taufe das durch die Predigt geweckte persönliche Bekenntnis des Glaubens an Jesus Christus unabdingbar erfordere, spricht die „Wydderantwort" – erstmalig für die Stadt Münster – eine Zurückweisung der Kindertaufe aus. Weder sei die traditionsreiche Kindertaufe mit dem Hinweis auf Jesu Kindersegnung (Mt 19,14) zu legitimieren noch sei sie aufgrund der fehlenden individuellen Belehrung und Entscheidung möglich[157].

Insgesamt ist das Schreiben von dem Selbstbewusstsein durchzogen, dass seine Autoren die heiligen Schriften des Alten und des Neuen Testaments als die Grundlage der vorgetragenen Theologie sehen. Allein wenn jemand aus den heiligen Schriften bessere Argumente beizubringen vermöge, stellen die Autoren eine Änderung ihrer Positionen in Aussicht[158].

Die Auseinandersetzung um die Kindertaufe wurde nicht allein theologisch mit Hilfe der „Evangelischen Zuchtordnung" und in der „Wydderantwort" geführt; auch auf den Alltag in der Stadt begann dieser Streit überzugreifen. So kam es am 7. und 8. August 1533 auf Initiative des Johann von der Wieck zu einer theologischen Disputation im Rathaus; denn Rat und Gilde sahen sich der Situation gegenüber, dass nunmehr zwei evangelische Positionen miteinander um Einfluss konkurrierten: Die eine war lutherisch, die andere radikalreformatorisch, und beide beanspruchten für sich allein die Heilige Schrift als Grundlage. Während der Disputation verlangte Bernhard Rothmann noch nicht die erneute Taufe für die bereits im Kindesalter Getauften, sondern lediglich die Abstellung der als falsch erkannten Kindertaufspendepraxis; denn – so wiederholte er unermüdlich – ohne Glaubensbekenntnis und persönliche Bekehrung könne eben niemand zum christlichen Glauben gelangen. Im Unterschied dazu traten die lutherisch Gesinnten für die Beibehaltung der Kindertaufe ein[159].

Zum stadtöffentlichen Eklat kam es erst einen Monat später, indem Hermann Staprade, einer jener im Sommer 1532 von der Stadt Münster eingestellten Prediger, gegen den Ratsbeschluss handelte. So weigerte er sich am 7. September 1533, in der Lambertikirche einigen zur Taufe herbeigebrachten Säuglingen die Taufe zu spenden[160]. Dieser Verweigerung – einem von zahlreichen „Protestritualen“[161] auf dem Weg Münsters in das Täuferreich – kam eine reichspolitische Bedeutung zu; denn die Taufe war nicht allein ein kirchlicher Initiationsritus, sondern zugleich ein „gesellschaftlicher Aufnahmeakt“[162]: „Wer getauft wurde, fand nicht nur Eingang in die Kirche, sondern auch in das Reich.“[163] Insofern ist die Verweigerung der Kindertaufe ein basales Zeichen für die insgesamt zu konstatierende „Krise der Reichsgewalt“[164].

Provoziert aufgrund der Ablehnung ihrer Sakramentsauffassung sowohl durch die Marburger Theologen als auch durch den städtischen Rat, welcher allen Predigern ihr Predigtrecht entzogen und Staprade sogar aus der Stadt gewiesen hatte, machten sich Bernhard Rothmann und seine Mitprediger schließlich am 8. November 1533 daran, ihre Auffassung von Taufe und Abendmahl in der Schrift „Bekenntnis von den beiden Sakramenten“[165] umso ausführlicher niederzulegen. Darin halten sie die grundsätzliche Ablehnung der Kindertaufe für die einzig mögliche Konsequenz aus der Überlieferung der heiligen Schriften[166]. Mehr noch: Eine Christus wohlgefällige Gemeinde, in der sich der einzelne Christ

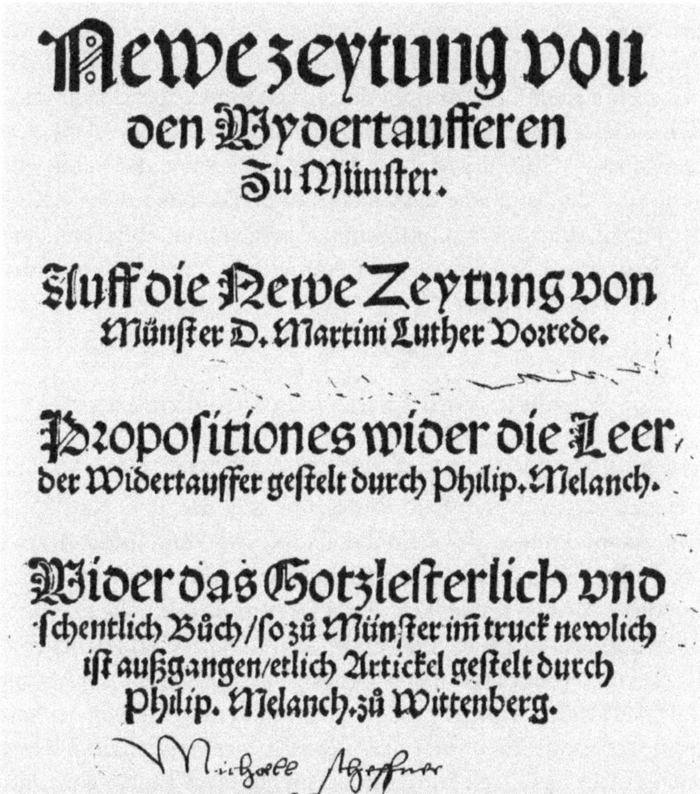

Newe zeytung von
den Wydertaufferen
Zu Münster.

Auff die Newe Zeytung von
Münster D. Martini Luther Vorrede.

Propositiones wider die Leer/
der Widertauffer gestelt durch Philip. Melanch.

Wider das Gotzlesterlich vnd
schentlich Bůch/so zů Münster im truck newlich
ist außgangen/etlich Artickel gestelt durch
Philip. Melanch. zů Wittenberg.

Anno 1535

Die in Wittenberg gedruckte „Newe zeytung von den Wydertaufferen zu Münster“ enthält u.a. Philipp Melanchthons Widerlegung gegen „das Gotzlesterlich und schentlich Buch, so zu Münster im truck newlich ist außgegangen“. Gemeint war damit Bernhard Rothmanns „Restitution“, von der Landgraf Philipp von Hessen einen Nachdruck hatte herstellen lassen.

wie die Gemeinschaft insgesamt heilige, zeichne sich erstens durch die „wahre Verkündigung des Evangeliums" sowie zweitens durch die „rechte Taufe" und drittens durch das „rechte Abendmahl" aus. Keine dieser drei – allesamt auf das gläubige Herz des Menschen bezogenen – Grundlagen dürfe fehlen; denn ohne die Verkündigung und die Annahme des Evangeliums könnten aus den „Kindern des Zorns" keine „Gotteskinder" werden; und die Gemeinde aus lebendigen Steinen sei nun einmal eine „Versammlung der gläubigen Gotteskinder"[167].

7. Ausblick: Vom Luthertum zum Täufertum

Mit Blick auf die theologische Genealogie in Münster ist hervorzuheben, dass sich Bernhard Rothmann zwischen 1531 und 1533 von einem Priester der katholischen Kirche zum Initiator und Wortführer einer lutherischen Gemeinde in Münster entwickelte, um diese Position schließlich derart zu radikalisieren, dass sie dem zeitgenössischen Täufertum entsprach: „Diese Sakramentslehre Rothmanns vom November 1533 ist ganz deutlich auf die Aktion des Glaubenden abgestellt und letztlich an der Herstellung der heiligen Gemeinde interessiert. (…) Von der hier vertretenen Theorie war es nicht mehr weit zur Bildung einer eigenen Täufergemeinde, und insofern bereitete diese Schrift das Kommende vor."[168]

IV. Kapitel

DAS TÄUFERISCHE MÜNSTER

In den Sommermonaten 1533 begann sich eine pro-täuferische als zweite reformatorische Bewegung zu bilden, die erneut, wie es anderthalb Jahre zuvor bereits die Lutheraner erlebt hatten, für ihre Akzeptanz in der Stadt kämpfen musste. Damit kam es unter den Neugläubigen zu einer Abspaltung vom lutherischen Heiligungskonzept, weil die täuferisch Gesinnten die lutherisch akzeptierte ‚Vermischung', ja Kongruenz von stadtumspannender Ratsherrschaft und religiösen Sakralisierungsbemühungen ablehnten.

Eine christliche Gemeinde – so zumindest das täuferische Ideal – habe sich von innerweltlich legitimierter Herrschaft zu distanzieren, um so zu verhüten, dass per Wahl legitimierte Funktionsträger über die christliche Gemeinde entscheiden; stattdessen sollen in religiösen Angelegenheiten allein diejenigen das Wort führen, die ihrerseits eine durch die Erwachsenentaufe dokumentierte Entscheidung zugunsten eines radikal christlichen Täuferlebens für sich getroffen haben. Somit deutete sich in Münster 1533 eine Entwicklung an, die aus der Ratsherrschaft über die Kirche eine autonome Kirche hervorgehen ließ, über deren Mitgliedschaft jeder Mensch selbst entscheiden konnte; eine Kirche, die in äußerster Konsequenz nicht länger aus kommunaler Rückbindung lebte, sondern sich zuletzt von einem Königtum mit himmlisch-prophetischem Anspruch her legitimierte: „Letztlich lag in diesem Taufverständnis als Konsequenz die Freiwilligkeitsgemeinde oder

Freikirche anstelle der durch die allgemeine Kindertaufe konstituierten Volkskirche."[169]

Trotz der Gründung von täuferischen Gemeinden in manchen Großstädten wie Zürich, Augsburg oder Straßburg, schließlich auch in der Mittelstadt Münster, darf die Durchschlagskraft der täuferischen Bewegung nicht überschätzt werden. Immer blieb der Anteil der Täufer an der Gesamtbevölkerung unter 1 Prozent.

Es sei schon an dieser Stelle angedeutet, dass eine Einordnung des münsterischen Täufertums in die Gesamtbewegung der Täufer zu einem ambivalenten Ergebnis führt: Einerseits muss das Täufertum von Münster als eine Ausprägung des täuferischen Konzepts ideal gelebter Christlichkeit unter vielen weiteren Ausfaltungen gelten; andererseits kamen in Münster Einflüsse aus anderen täuferischen Verbänden zum Tragen, die – protegiert durch die Mitwirkungsmöglichkeiten der dreigliedrigen Verfassung – einen tatsächlich einzigartigen Weg von der Freiwilligkeitsgemeinde zur Theokratie möglich machten. Nicht zuletzt werden interaktive Besonderheiten die Verschiebung der politisch-religiösen Verhältnisse in Münster hin zum Königtum ermöglicht haben.

1. Die Bedeutung von Melchior Hoffman für das täuferische Münster[170]

Im nordwestdeutschen Raum sowie in den Niederlanden führte vor allem das Wirken des Kürschners Melchior Hoffman († 1543) zur Gründung täuferischer Gemeinden[171]. Mit Martin Luthers Billigung als Prediger angetreten, beanspruchte er aufgrund des ihm unmittelbar zuteil gewordenen Heiligen Geistes schließlich umfassendere Kenntnisse, als er sie den universitär ausgebildeten lutherischen Theologen zubilligte[172]. Mit dieser Überzeugung gelangte er nach Straßburg[173], zur „Freiheitsstätte aller Nonkonformisten des 16. Jahrhunderts"[174].

Als theologisch einflussreiches Mitglied der Straßburger Täufergemeinde glaubte er aufgrund ergangener Visionen daran, dass Straßburg vom göttlichen Vater als Stätte der unmittelbar bevorstehenden leiblichen Wiederkunft Christi erwählt worden sei. Damit sah er sich im Verein mit anderen Straßburger Täufern in der Überzeugung bestätigt, dass der göttliche Herr nicht in der eigentlich für seine Wiederkunft vorgesehenen Stadt Jerusalem eintreffen konnte, zumal sich diese zu jener Zeit in der Hand von Muslimen befand[175]. Weiterhin ging er aufgrund seiner eigenwilligen Auslegung des alttestamentlichen Buches Daniel (Kap. 12) davon aus, dass der Jüngste Tag im Anschluss an ein theokratisches Zwischenreich 1533 hereinbrechen werde[176].

Auf die Wiederkehr Christi müsse man sich durch einen überzeugenden Akt der Reinigung vorbereiten. Doch sollten die Täuferischen keinesfalls zu den Waffen greifen und die Stadt gegen Angreifer militärisch verteidigen, sondern sich vielmehr als die Auserwählten allein im Hören auf das Gotteswort und durch den Empfang der Erwachsenentaufe auf das Kommen Jesu Christi einstellen[177]. In der Folge würden entsprechend Melchior Hoffmans Auffassung die Altgläubigen – allen voran die Kleriker – zugrundegehen, überdies die Anhänger Martin Luthers und Huldrych Zwinglis († 1531), bevor das neue Jerusalem hereinbrechen könne[178].

Im Unterschied zu Martin Luther optierte Melchior Hoffman dafür, dass der Christ über die Annahme des göttlichen Wortes hinaus auch sein Leben entsprechend ändern und mit Gott ‚kooperieren' müsse, bevor er die Taufe empfange[179]. Insofern gemäß Melchior Hoffman allein derjenige, der sich dem Hören und dem

Tun des göttlichen Wortes übereigne, die Taufe empfangen könne – weil Christus allein in einer solchen Seele geboren werde[180] –, musste er sich gegen die Kindertaufe aussprechen[181].

Die Reichweite von Melchior Hoffmans apokalyptischen Ideen für die religiöse Entwicklung in Münster sollte sich als bahnbrechend erweisen: „Mit der Idee der Ausrottung der Gottlosen vor dem Jüngsten Tag und der Vorstellung einer irdischen Herrschaft der Heiligen in einem theokratischen Zwischenreich schuf Hoffman die wichtigsten ideologischen Voraussetzungen für das Münsteraner Täuferreich von 1534/1535. Immerhin propagierte Bernhard Rothmann in Münster diese sozialrevolutionären Ideen ebenso wie die gleichfalls auf Melchior Hoffman zurückweisende (…) ‚pelagianische Rechtfertigungslehre'."[182]

So starb Melchior Hoffman zwar 1543 im Straßburger Kerker, nachdem er genau zehn Jahre eingesperrt gewesen war, weil seine Lehre als Gefährdung der städtischen Gemeinschaft erkannt wurde; doch wirkten seine Überzeugungen in Münster als heftiger Antrieb für die täuferische Dynamik fort.

2. Christi unmittelbar bevorstehende Wiederkunft in Münster?

Entgegen der Vorhersage von Melchior Hoffman wurde Straßburg im Verlauf des Jahres 1533 nicht zum neuen Jerusalem. In diese Situation der Unsicherheit meldete sich der Bäcker und Hoffman-Anhänger Jan Mathijs – also wiederum ein Nicht-Theologe – aus dem niederländischen Haarlem zu Wort. Er behauptete von sich, neben dem ersten prophetischen Zeugen Melchior Hoffman der zweite prophetische Zeuge zu sein, der das ewige Jerusalem vorhergesagt habe (Offb 11,3). Mit Blick auf das Kommen des ewigen Jerusalem verkündete er eine aufrüttelnde Botschaft: Unverzüglich müsse man beginnen, die Erwachsenentaufe zu spenden; denn diese aus innerer Zustimmung empfangene christliche Initiation allein sei konstitutiv für die Zugehörigkeit zur Schar der Auserwählten am Tag des Herrn, den Jan Mathijs um dreieinhalb Monate in das Jahr 1534 verschob und nunmehr für das Osterfest vorhersagte.

Bereits im Frühsommer 1533 hatte Jan van Leiden die Stadt Münster aufgesucht. Dieser 1509 geborene und mit schauspielerischem Talent begabte Mann hatte seinen bürgerlichen Namen Jan Bockelson gemäß seinem Lebensmittelpunkt in der damals etwa 14.000 Einwohner umfassenden niederländischen Stadt in „Jan van Leiden" umgeändert. Sein Vater war Unterschultheiß nahe Leiden, die Mutter gebürtig aus Darup bei Coesfeld, Jan selbst eigentlich Schneider von Beruf. Seine Wanderjahre hatte er in Flandern und in England verlebt, bevor er nach Leiden zurückgekehrt war und dort eine Gastwirtin geheiratet hatte. Mit dem Kapital seiner Frau versuchte er sich als Kaufmann und kam bis Lissabon und Lübeck. – Bei seiner Rückkehr von Münster in die Niederlande hatte sich der besagte Jan van Leiden gegenüber Jan Mathijs begeistert darüber gezeigt, dass in der westfälischen Stadt der Prediger Bernhard Rothmann durch die Verbreitung täuferischen Gedankengutes auf sich aufmerksam machte. Jan Mathijs seinerseits erwog, ob derlei nicht als Hinweis auf die Wiederkunft Christi in Münster zu deuten sei. So trafen am 5. Januar 1534 zwei täuferische Sendboten aus Amsterdam in Münster ein: Bartholomaeus Boekbinder und Willem de Kuiper[183]. Auf Weisung des Jan Mathijs sollten sie die Stadt mit einer radikalen Botschaft konfrontieren: Nur derjenige könne zum Volk des Herrn gehören und im unmittelbar bevorstehenden Strafgericht Gottes über die Welt bestehen, der mit dem Zeichen „Tau" besiegelt sei. Über Melchior Hoffman hinausgehend, identifizierte Jan Mathijs die Erwachsenentaufe mit dem Zeichen der Versiegelung[184].

Die Botschaft des Jan Mathijs gab der täuferischen Bewegung in Münster den entscheidenden Anstoß. In der Konsequenz empfingen Bernhard Rothmann und die Prädikanten die Taufe durch die beiden niederländischen Gesandten[185], die mit ihren Taufspendungen am 5. Januar 1534 begannen und die Stadt nach drei Tagen wieder verließen. Zuvor hatten sie den erwachsen Getauften befohlen, die Taufe weiterzugeben[186].

Die Überzeugungskraft der biblisch rückgebundenen Botschaft des Jan Mathijs zeigt sich rückblickend auch darin, dass sich bereits in der folgenden Woche die meisten Rothmann-Anhänger entsprechend der an Münster ergangenen Weisung durch Bernhard Rothmann selbst und die Prädikanten taufen ließen[187]. So fand ein zweites von Jan Mathijs nach Münster entsandtes Apostelpaar – Jan van Leiden und Gerrit Boekbinder – am 13. Januar 1534 eine täuferische Gemeinde vor, deren Zahl Jan van Leiden später mit 1.400 angab[188], was etwa einem Fünftel der erwachsenen Stadtbevölkerung gleichkam. Entsprechend urgemeindlichem Vorbild waren wohlhabende Bürger der Stadt zu diesem Zeitpunkt bereits dazu übergegangen, ihre Besitztümer den Armen zur Verfügung zu stellen[189]. Tatsächlich war in Münster eine „neue Gesellschaftsordnung im Entstehen", ohne dass ihr damals freilich der politische Durchbruch bereits gelungen wäre[190].

Ralf Klötzer ordnet die Gründung der täuferischen Gemeinde in den sozio-politischen Kontext der Stadtgeschichte von Münster ein: „Als nach der Jahreswende [1533/1534] die Praxis der Bekenntnistaufe durch die münsterische Bewegung aufgenommen wurde, bedeutete dies nicht den Schritt in die Separation unter

Preisgabe ihres Führungsanspruchs. Vielmehr wurde deutlich gemacht, welche reformatorische Konsequenz notwendig sei, um die Erneuerung der Gesellschaft nach der Zerschlagung des Klerus zu vollenden."[191] Überdies lässt sich eine Parallele ausmachen zwischen der politisch-religiösen Entwicklung der Jahre 1531/1532 und 1533/1534: „Weil der Rat zögerte, sich an die Spitze der Bewegung zu setzen, begann die Bewegung ohne den Rat, die Erneuerung der Gesellschaft zu verwirklichen."[192]

Trotz des Zulaufs zur täuferischen Bewegung in Münster[193] hielt sich die innerstädtische Distanzierung der Täufer von den Andersgläubigen vorerst in Grenzen. Präzisierend sind für jene Zeit noch starke lutherische Kreise in Münster hervorzuheben, aus denen sich die Täufer weiteren Zuwachs erhofften, selbst wenn jeder Täufer aufgrund des Reichsrechtes mit der Todesstrafe rechnen musste[194].

Um das Solidaritätsgefühl innerhalb der Stadt zu stärken und Bürger vom Verrat innerstädtisch-radikalreformatorischer Angelegenheiten an den Bischof und die Seinen abzuhalten, schalteten sich erneut die Gilden in die politisch-religiöse Entwicklung ein. Zwischen dem Rat und den Gilden kam es zu einer Vereinbarung, die das allen Bürgern gemeinsame Bürgerrecht höher veranschlagte als die religiösen Differenzen innerhalb der Stadt zwischen den Altgläubigen, den Lutheranern und den täuferisch Gesonnenen; die Eintracht innerhalb der Bürgerschaft galt weiterhin als höchster Wert[195]. Genauerhin kam es am 30. Januar zu der Vereinbarung zwischen Rat und Gilden, dass um der Eintracht unter allen Bürgern willen jeder Bewohner der Stadt bei seinem Glauben bleiben dürfe[196]. Damit setzte sich der Rat sowohl über den Befehl des bischöflichen Landesherrn vom 23. Januar 1534 als auch über das kaiserliche Mandat von 1528[197] und den Zweiten Speyerer Reichstag von 1529[198] hinweg, welche das Täufertum unter Androhung der Todesstrafe verbieten[199]. Die Reichweite dieser innerstädtisch toleranten Haltung, die Ernst Laubach als „ein im Reich zweifellos unerhörtes Novum" bezeichnet[200], hebt auch Ralf Klötzer in den Blick: „Der Durchbruch [der Täufer] zur Führungsmacht in Münster schien zwar noch sehr fern, wenn nicht unmöglich zu sein, doch dem kollektiven Untergang musste die Bewegung vorerst nicht entgegensehen, weil die Solidarität in der Bürgerschaft über die Grenzen zwischen Getauften und Nichtgetauften hinweggriff."[201]

3. Das neue Jerusalem in Münster? – Zwischen Militarisierung, politischer Diplomatie und Bildersturm

Es spricht vieles dafür, dass Jan van Leiden und Gerrit Boekbinder, die Abgesandten des Jan Mathijs in Münster, aus der überraschenden Wende zur Tolerierung der Täufergemeinde durch Rat und Gilden die Überzeugung ableiteten, dass Münster von Gott als Ort des neuen Jerusalem auserwählt sei und dieser die Gottlosen alsbald bestrafen werde[202].

Die religiös-gespannte Erwartungshaltung der Bürger in Münster gewann an Virulenz dadurch, dass innerhalb von zehn Tagen am 9. Februar erneut das Gerücht umging, der Bischof wolle die Stadt mit 3.000 Mann angreifen. Während die erste Meldung eines erwarteten bischöflichen Angriffs auf die Stadt vom 29. Januar zwar deutliche Unruhe geschürt hatte, es aber zu keinerlei feindlichen Aktionen innerhalb der Einwohnerschaft gekommen war, zeigten sich die Spannungen am 9. Februar deutlicher: Mehr denn je stand die Bürgerschaft dieses Mal am Rande einer Spaltung zwischen den pro-katholisch, den gemäßigt-reformatorisch und den radikalreformatorisch-täuferisch gesinnten Bürgern. Gleichwohl wiederholte man am 11. Februar die Toleranzvereinbarung vom 30. Januar als Basis des gemeinsamen Stadtlebens[203].

Für die Täuferischen war die glimpflich-friedliche Abwendung der drohenden Eskalation ein Ausdruck göttlichen Wohlwollens sowie eine Bestätigung des von ihnen exklusiv beanspruchten Heils; den himmlischen Vater selbst glaubten sie hinter den Vorgängen vom 9. bis 11. Februar in Münster wirkmächtig[204], allzumal ihnen kosmische Zeichen in diese Richtung zu deuten schienen[205].

Jan Mathijs hatte die durch Melchior Hoffman und seine Anhängerschaft verbreitete Rede vom neuen Jerusalem aufgegriffen und sie auf Münster als Ausgangspunkt des kommenden Gottesreiches bezogen[206]. In diesem Eindruck sahen sich die Täuferischen am 10. Februar durch außergewöhnliche Himmelszeichen bestärkt: Unter anderem umfingen Wolken die Stadt, die sich in der Gestalt von blau-schwarzem Feuer zeigten, durch das man nicht hindurchsehen konnte. Den Täufern galten sie als Zeichen der Auserwählung für die Stadt Münster als Ort des neuen Jerusalem; umgekehrt, so hofften die Täufer, sollten den Anhängern des Bischofs die kosmischen Konstellationen als Mahnzeichen zugunsten ihrer möglicherweise doch noch erfolgenden Bekehrung dienen[207]. Aus anderen Wolken meinte man die Gestalt eines Reiters auf einem weißen Pferd erkennen zu können, oder eine männliche Gestalt, aus deren Händen Blut tropfte[208] – offenbar eine Anspielung auf den Reiter Christus in der Apokalypse[209]. – Kurzum: In den politischen, religiösen und kosmischen Umwälzungen jener Tage sahen sich die Täufer unter Gottes Schutz, wohingegen sie für alle Menschen ohne Erwachsenentaufe die himmlische Strafe nahe glaubten[210].

Die Tage des 9., 10. und 11. Februar 1534 bedeuteten für die Religionspolitik der Stadt einen wichtigen Wendepunkt. Da das Täufertum nicht militärisch ausgeschaltet worden war, boten sich den Täufern neuartige Freiräume, die sie in den folgenden Monaten ausnutzten, um die religiöse Meinungsführerschaft innerhalb der Stadt endgültig zu übernehmen. Zugleich bedeutete das Überleben des Täufertums eine Schwächung des Bischofs, insofern der Rat dessen Begehr einer Vernichtung der Täufer nicht nachgekommen war und sogar ihr Erstarken begünstigt hatte. Somit gilt: „Die Garantie des Gewaltverzichts innerhalb der Mauern, am 30.1. ausgehandelt und am 11.2. bestätigt, trug nur dazu bei, den Durchbruch des Täufertums aus dem Untergrund in den öffentlichen Raum zu erleichtern."[211] Ein Verteidigungskrieg der Münsteraner Bürger gegen den Landesherren war damit nicht mehr zu vermeiden. Tatsächlich forcierte der Bischof seine Rüstungsanstrengungen[212], und auch innerhalb der Stadt begannen unter dem noch amtierenden Rat umfängliche Verteidigungsmaßnahmen[213], so dass der Stadtsyndikus Johann von der Wieck angesichts dieser Eskalation die Stadt verließ und vom Bischof vor der Stadt sogleich brutal ermordet wurde (der frum doctor Vick vam bischopf boslich erwurget wurden)[214]. Während die Ratswahl vom 23. Februar 1534 eine deutliche Stärkung der Täufer erbrachte[215], so dass nur einer der 24 Ratsherren den Übertritt zu den Täufern nicht mitvollzog, blieb die Zusammensetzung des neugewählten Rates in sozialer Hinsicht, also im Blick auf das Verhältnis von Wohlhabenden zu Ärmeren, mit den Vorgänger-Räten annähernd gleich: „Die Etablierung der Täuferherrschaft war keine soziale Revolution, wie es auch kein Programm zur Veränderung der Sozialverhältnisse gegeben hat und nicht zu geben brauchte, wenn in wenigen Wochen Christus kommen und alles neu machen würde."[216]

Vor allem war der erste öffentliche Auftritt von Jan Mathijs, der der versammelten Menge das Ergebnis der Bürgermeisterwahlen verkündete, ein richtungsweisendes Vorzeichen für die kommende Entwicklung. Darüber hinaus rief er – in diesem Punkte über Melchior Hoffman hinausgehend – zum aktiven militärischen Widerstand gegen die Belagerer auf[217]. So führten Straßensperren, die der Bischof vor der Stadt hatte errichten lassen, im Innern der Stadt zu einer noch weitergehenden Solidarisierung, welche auch die militärische Selbstverteidigung mitumfasste. Den Abriss kleinerer Gebäude in der Nähe der Stadtmauer hatte bereits der alte Rat verordnet. Auch das womöglich als Stützpunkt für die Gegner geeignete Stift St. Mauritz wurde Ende Februar aus Sicherheitsgründen dem Erdboden gleich gemacht[218]. Anfang März 1534 wurde die Stadtmauer in Teilstücke aufgeteilt und ihre Bewachung in organisatorischer Hinsicht so genannten Wallmeistern aufgetragen, welchen man die Einwohner Münsters unterstellte. Auf diese Weise suchte man die Sicherung der Mauer rund um die Uhr sowie an all ihren Abschnitten möglichst effizient zu gewährleisten[219]. Schließlich trugen die Einwohner anlässlich öffentlicher Versammlungen, die um innerstädtischer Belange willen abgehalten wurden, nunmehr stets Waffen bei sich[220]. Vorausblickend lässt sich anfügen, dass die Täufer den späteren Abwehrkampf Münsters als einen Akt erlaubter Notwehr ansahen. Entsprechend machten die Prädikanten theologische Bedenken gegen die Anwerbung von Landsknechten geltend, weil sie einzig die Notwehr für erlaubt hielten, nicht aber die Rache[221]. Pointierend unterstreicht Karl-Heinz Kirchhoff: „Die Wandlung des friedlichen zum militanten Täufertum vollzog sich in Münster unter der wachsenden Bedrohung durch die Außenwelt."[222] Die Folgen bestanden unter anderem darin, dass Johann Klopriß in seinem Verhör bezüglich der Niederschlagung des inneren Aufstandes gegen die Täuferherrschaft vom 30. Juli 1534 von 40 Todesurteilen mit dem Schwert und von fünf oder sechs mit der Büchse sprach[223].

Gleichermaßen zeigte sich das insgesamt gestärkte Selbstbewusstsein der Stadtbewohner in einem Bildersturm, bei dem Altäre und religiöse Kunstwerke entfernt und vernichtet wurden. Nachdem in den Pfarrkirchen der Stadt der Sturm auf die Bilder und die Vergemeinschaftung der noch verwertbaren kirchlichen Schätze bereits im Frühjahr 1533 geschehen waren, konzentrierten sich die Bilderstürmer 1534 auf den Dom und den Dombezirk; denn diesen Bereich innerhalb der Stadtmauern hatte man seit dem Vertrag zwischen Bischof und Stadt noch unangetastet lassen müssen[224]. Indem allerdings die Domherren zwischenzeitlich die Stadt verlassen hatten, war der Weg frei geworden, dass die in Münster verbliebenen Bürger sowohl die zu Dom und Domherren gehörigen Kunstobjekte zerstören als auch die liturgischen Gerätschaften in Gemeineigentum überführen konnten[225]. Im letzten bilderstürmerischen Stadium seit dem Frühherbst 1534 erklärte König Jan van Leiden – dieser Vorausblick sei gestattet – die Kirchen zu „steinkulen"[226].

4. Münster 1534 – Täuferstadt ohne konkurrierende Bekenntnisse

Nachdem Jan Mathijs ursprünglich in wörtlicher Anwendung von Ez 9 die Gottlosen in der Stadt hatte töten lassen wollen[227], jedoch Jan van Leiden und andere ihn davon abzubringen vermochten[228], mussten sich seit dem 27. Februar 1534 alle Bewohner der Stadt Münster für oder gegen das Täufertum entscheiden[229]: Auf der einen Seite wurde denjenigen, die als Kinder die Taufe empfangen hatten, jedoch mittlerweile der täuferischen Gemeinschaft zugetan waren, auf ihren Wunsch hin die Erwachsenentaufe gespendet; freilich weiß man weder, wieviele Menschen sich Ende Februar 1534 taufen ließen, noch wie hoch deren Zahl in den Jahren 1534 und 1535 insgesamt war[230]. Auf der anderen Seite verließen diejenigen trotz widrigen Wetters die Stadt, die die Erwachsenentaufe für sich ablehnten, obwohl die Täufer sie mit der bedrängenden Aussicht konfrontierten, Gott würde sie strafen oder gar töten[231]. Der täuferische Konsens innerhalb der Stadt Münster spiegelte sich schließlich auch im Zuzug von täuferisch Gesinnten, darunter viele Niederländer[232], die ihr Heil in Münster, dem neuen Jerusalem, suchten[233].

Zwar lief diese Ausweisung der Toleranzvereinbarung vom 30. Januar und 11. Februar zuwider; doch schien die Solidarität innerhalb der Stadt ohne die Ausweisung der Anti-Täuferischen allzu gefährdet, selbst wenn die bischöfliche Bedrohung erst seit Mai 1534 in der Weise Gestalt annahm, dass der Landesherr die Stadt von sieben Söldnerlagern gleichmäßig einkesseln ließ.

In Zahlen ausgedrückt, blieben etwa 5.000 bis 5.500 Einwohner in Münster, darunter 800 bis 1.000 Männer, 3.000 bis 3.300 Frauen und 1.200 Kinder[234]. Etwa 2.000 Einwohner kehrten Münster im Frühjahr 1534 den Rücken, darunter vor allem „derjenige Teil der politischen Elite (…), der sich [gegenüber der täuferischen Dominanz] in der Minderheit sah“[235]. Den gesamten März über gelangten 700 bis 800 Männer und 1.500 bis 1.600 Frauen nach Münster und wurden erst einmal in leerstehenden Klöstern, später dann in frei gewordenen Häusern untergebracht. Doch sollte es zu einer ‚Massenbewegung‘ gen Münster nicht kommen[236]: „Auf Dauer blieb das Täufertum der Niederlande im Untergrund organisiert. Weiterhin waren es nun einzelne und kleine Gruppen, die unerkannt nach Münster gingen.“[237]

a. Abschaffung des Privateigentums

Innerhalb der Stadt veränderte sich das Leben seit der Ratswahl im Februar 1534 Schlag auf Schlag; die von den Täufern gewünschten Maßnahmen realisierte man nunmehr in rascher Folge. Alle, die auf Drängen der Obrigkeit die Taufe empfangen hatten oder um der Taufe willen zugereist waren, erhielten eine kleine, von den vier Großbuchstaben ‚DWWF' gezierte Kupfermünze[238]. Dieses Kürzel stand für das revolutionäre Programm in Münster: „Das Wort ward Fleisch". Ralf Klötzer paraphrasiert das genannte Leitwort erläuternd: „Die Identität Münsters als das neue Jerusalem bestand folglich darin, dass göttliche Wahrheit (= Wort) zur Grundlage für gesellschaftliche Wirklichkeit (= Fleisch) geworden war, seit sich eine christliche Weltordnung als Konsequenz der Taufe erhoffen ließ."[239]

Um der göttlichen Wirklichkeit innerhalb der Stadt zum größeren Durchbruch zu verhelfen, wurde Anfang März das Privateigentum abgeschafft[240]. Zuvor hatte jeder Mensch ein Eigentum in ausreichendem Umfang nachzuweisen, damit er in der Stadt den Status eines Bürgers beanspruchen konnte. Fortan aber sollte die freiwillige Fortgabe des Eigentums notwendig sein, um zur heiligen Gemeinde zu gehören. Von dieser Maßnahme erfuhren die Einwohner in einer jener allmorgendlichen Predigten, welche stattfanden in dem ‚Predigthaus', das jedes Kirchspiel anstelle der seit Herbst 1533 von den Predigern zwangsweise geräumten Kirchen zur Verfügung hatte[241].

Im Zusammenwirken zwischen dem Rat, dem Propheten Jan Mathijs und den Prädikanten wurden auch alle Lebensmittel- und Kleidungsvorräte der Klöster und Emigranten beschlagnahmt und – maßgeblich für die gesamte Ämterordnung der täuferischen

Gemeinde ist Apg 6,1–7 – von eigens dafür eingesetzten Diakonen an die Zugereisten verteilt[242]. Die Geldwirtschaft wurde in Münster aufgehoben[243]. Fortan ließen die Einwohner der Stadt ihre Haustüren unverschlossen[244]; wer sich demgegenüber skeptisch erzeigte, dem wurde das Beispiel von Ananias und Saphira (Apg 5) drohend vor Augen gehalten[245].

Insgesamt beabsichtigten die Täufer eine von der Urgemeinde hergeleitete soziale Egalisierung unter den Einwohnern der Stadt als radikale Konsequenz der Erwachsenentaufe zu verwirklichen: „Ob bürgerlich oder nicht-bürgerlich, ob reich oder arm, ob Mann oder Frau, die neue Gesellschaft setzte sich aus gleichwertigen Gliedern zusammen."[246] Allein unter dieser paulinischen Prämisse war es möglich, dass Menschen in großer Zahl aufgenommen wurden unabhängig von ihrem Besitz und Beruf. Während sie dafür früher – wie bereits angedeutet – die Bedingungen des Bürgerrechtes hatten erfüllen oder als Knechte und Mägde hatten leben müssen, bestand das alle Einwohner verbindende Kriterium nunmehr in der geistlichen Geschwisterschaft aufgrund der empfangenen Erwachsenentaufe[247]. Mehr noch: Indem sich der Rat am 30. Januar 1534 dazu entschieden hatte, das Täufertum zu tolerieren, öffnete sich der Weg in die Revolution mit sozialgeschichtlich bedeutsamen Folgen: „Die Taufe wurde [am 27. Februar 1534] für das ‚neue Jerusalem' konstitutiv und verdrängte den Bürgereid als die verfassungsrechtliche Grundlage der Stadtgesellschaft."[248]

b. ‚Nulltoleranz' gegenüber Andersgläubigen

Nachdem die von den Täufern als ‚Heiden' abqualifizierten oder sogar als ‚Gottlose' bekämpften Altgläubigen und Lutheraner die

Stadt verlassen hatten, erforderte die Heiligung des Gemeinwesens aus der Sicht der Täufer weitere neuartige Maßnahmen. Deren Koordination nahm der Prophet Jan Mathijs in die Hände. Bereits in Amsterdam hatte er sich als sendungsbewusst und durchsetzungsfähig erwiesen, ja im Bedarfsfall selbst vor Hinrichtungen von Ungläubigen nicht zurückgeschreckt. Wie niemand zuvor in Münster stellte er das Bemühen um ein in traditioneller Weise funktionierendes innerstädtisches Rechtswesen hintan; stattdessen drohte er Widersachern den Zorn Gottes an. Somit verschwamm das hinsichtlich der Kompetenzen bis dahin sorgsam organisierte Miteinander von Rat, Gilden und Gemeinheit immer mehr, ja mündete binnen kurzer Zeit sogar in eine deutliche Machtverschiebung weg vom Rat und hin zu dem unter anderem von ihm selbst – Jan Mathijs – beanspruchten gottunmittelbaren Prophetentum. Wer diese neuen Autoritäten in Frage stellte, musste dafür fortan mit dem Leben bezahlen[249].

Freilich beruhte die von den Täufern angestrebte Aufgabe der Verbindung von politischem und kirchlichem Bereich in der Endzeitgemeinde auf zwei Voraussetzungen: Erstens mussten sich die bisherigen kirchlichen und kommunalen Amtsinhaber dem Charisma der Propheten Jan Mathijs und Jan van Leiden unterordnen, was sie auch taten. Zweitens musste die Stadt von Ungläubigen frei sein. Oberflächlich gesehen war auch diese zweite Voraussetzung erfüllt; doch gab es seit den Ende Februar 1534 veranstalteten Massentaufen und trotz des jedem Täufling abgeforderten Bekenntnisses zahlreiche ‚Mitläufer' in der Stadt, welche man daran zu erkennen glaubte, dass sie kaum privates Eigentum abgeliefert hatten. Die betroffenen Männer und Frauen mussten sich aus diesem Grunde noch im März einer einschüchternden Buße unterziehen, nachdem sie vor der bewaffnet versammelten Gemeinde ihre Waffen niedergelegt hatten[250].

Die Heiligung der Stadt gemäß täuferischem Verständnis wurde – angelehnt an die Apostelgeschichte, hier Apg 19,19 – durch weitere Maßnahmen vorangetrieben: Mit Ausnahme der Heiligen Schriften warf man alle Bücher ins Feuer, gleichermaßen Würfelspiele, Kartenspiele, Instrumente und Noten[251]. Überdies wurden Schuldscheine, Renten- und Pfandbriefe sowie andere Urkunden – „Schöpfungen des mittelalterlichen Stadtbürgertums"[252] – ein Raub der Flammen[253]. Übrigens darf die Verbrennung von Kauf- oder Rentenverträgen auch als eine desakralisierende Attacke gegen das geistliche Gericht der Altgläubigen gelten; denn Kirchenrichter hatten über all jene Streitsachen hinaus, an denen eine geistliche Partei beteiligt war oder bei denen es um die Sakramente ging, auch derlei Streitigkeiten zu behandeln, „die mit einem Eid bekräftigt wurden wie Kauf- oder Rentenverträge zum Beispiel"[254]. Während man die geistlichen Gerichte trotz aller Kritik 1525 noch „als gesellschaftlichen Ordnungsfaktor" akzeptiert hatte[255], wollten sich die Täufer in Münster fortan allein auf Gott verlassen[256], wobei man immerhin daran festhielt, dass die Schulden, die einzelne Täufer außerhalb der Gemeinde hatten, von der Münsteraner Täufergemeinde übernommen und beglichen wurden[257]. Der Vertrag mit dem Bischof, der das Nebeneinander von altgläubig und lutherisch Gesinnten festgeschrieben hatte, wurde an den Schweif eines Pferdes gebunden, welches man aus der Stadt in das bischöfliche Lager fortjagte. So distanzierte sich die Stadt von diesem mittlerweile als ‚heidnisch-säkular' eingeschätzten Abschnitt der Vergangenheit, um sich stattdessen mit Hilfe der aktuellen Maßnahmen der Wiederkunft Christi in Münster zuzuwenden.

Am folgenden Ostersonntag 1534 traf die Gemeinde der Auserwählten allerdings anstelle der erwarteten Wiederkunft Jesu Christi die Nachricht, dass Jan Mathijs und einige Begleiter in der Nähe des Ludgeritores von gegnerischen Söldnern umgebracht worden waren, nachdem sie – aus nicht exakt zu klärenden Gründen – die Stadt soeben verlassen hatten[258].

Rückblickend geriet mit dem Tod des Jan Mathijs, der den Weg frei machte für Jan van Leiden an der Spitze der heiligen Stadt Münster, ein insgesamt verändertes Verständnis der Apokalypse in den Mittelpunkt: So sehr die Münsteraner die endgültige Heilstat Gottes als Horizont ihres Lebens auffassten, so sahen sie sich doch bis zur Wiederkunft Christi im ‚neuen Jerusalem' Münster mehr denn je in die gesellschaftliche Wirklichkeit eingebunden. So wurde eine Krise der Täufergemeinde nach dem Tod des Jan Mathijs und dem ereignislosen Verstreichen des Ostertermins sowohl durch die nunmehr dominante Position des Jan van Leiden als auch im Wissen um die bislang errungenen religiösen und sozial-politischen Erfolge vermieden: „Es eröffnete sich nun sogar die Chance, den Widerspruch zwischen Apokalyptik und Reformation vollends auf revolutionäre Weise zu überwinden und die Erlösungshoffnung den Zielen einer Gesellschaftsveränderung anzupassen."[259]

Während man seit April 1534 innerhalb der Stadt sowie unter dem nunmehr „institutionalisierten Prophetenamt"[260] des Jan van Leiden daranging, das Täufertum weiter zu festigen, blieb Bernhard Rothmann auch unter den neuen Umständen derjenige, der die fortschreitende religiöse Entwicklung Münsters ‚theoretisch' untermauerte. Derweil bemühten sich die Belagerer vor der Stadt über viele Monate hinweg vergeblich um die Einnahme von Münster.

c. Jan van Leiden – Vom Propheten zum König

Der Mann in Münster, auf dem zukünftig die meisten Hoffnungen der Stadtbewohner ruhten, galt nunmehr als der oberste Prophet der Stadt und des Erdkreises: Wie bereits angesprochen, war er nach Münster zum ersten Mal im Frühsommer 1533 gelangt. Beeindruckt hatte er sich vom zügigen Wachstumsprozess der evangelischen Gemeinde am Ort und als Zeuge der damals von Bernhard Rothmann angestoßenen theologischen Auseinandersetzungen um die Taufe gezeigt[261]. Alsdann zählte Jan van Leiden zu den ersten, die Anfang November 1533 von Jan Mathijs in den Niederlanden getauft worden waren[262]. Sofort im Anschluss entsandte dieser ihn in Richtung Briel und Rotterdam, damit er dort für das Anliegen der Täufer warb[263]. Im Januar 1534 kehrte er nach Münster zurück und fand im Hause des Bürgermeisters Bernd Knipperdollinck seine Bleibe[264].

Nicht zuletzt basierte der zukünftige Rückhalt des Jan van Leiden unter den Täufern darauf, dass er sich zwar auf keinen neuen Termin für das Eintreffen des neuen Jerusalem festlegte, doch von der prophetischen Zuversicht getragen war, dass das Heil der Welt seinen Ausgang von Münster nehmen werde. Die Gemeinde dürfe sich allerdings nicht – wie oben bereits angedeutet – damit begnügen, das ersehnte Heilsereignis einfachhin abzuwarten; stattdessen müssten sich die Münsteraner aktiv für das Kommen des Heils einsetzen. Noch am Ostertag zeigte sich, dass die Münsteraner ihr durch den Tod von Jan Mathijs hervorgerufenes Entsetzen überwanden und unter ihrer verbliebenen prophetischen Lichtgestalt neuen Mut fassten, wie sie in Tänzen und Umzügen zum Ausdruck brachten[265]. Mehr noch eröffneten sie in ihrem eschatologischen Wartestand Schulen für Mädchen und Jungen, um diese in den deutschen

Psalmen zu unterweisen[266]. Auch die Selbstverteidigung der Täufer gegenüber den gegnerischen Angriffen wurde konsolidiert.

Die unter dem Propheten Jan van Leiden vorgenommene größtmögliche Abkehr vom katholischen und lutherischen Münster, ja seine „wichtigste Neuerung" überhaupt, so wertet Ernst Laubach, betraf die Einführung einer neuen Verfassungsstruktur[267], setzte man mit ihr doch jene dreigliedrige Verfassung außer Kraft, die bis dahin die reformatorische Entwicklung in Münster überhaupt erst ermöglicht hatte. In der Folge veränderten sich die in Münster bis dahin wirksamen Weisen der Sozialkontrolle. Zu den wichtigsten Bestimmungen dieser neuen städtischen Ordnung, die weiterhin von dem göttlich-unmittelbaren Eingreifen in die innerstädtischen Belange ausgeht, zählen die folgenden Maßnahmen:

1. Der Rat sollte – angeregt offenbar unter anderem durch Apg 1,21 – abgelöst werden durch ein Gremium von „Zwölf Ältesten", welchem fortan die obrigkeitlichen Funktionen zufielen, näherhin die Gerichtsbarkeit, überdies die Koordination der städtischen Verteidigung, schließlich die Ordnung der übrigen städtischen Belange[268].

2. Der Bibel entnahm man einen Katalog von Vergehen, für die zukünftig als Höchststrafe die Todesstrafe gelten sollte. Sowohl die „Ordnung" als auch das zuletzt genannte Sündenverzeichnis bringen das Selbstbewusstsein der Täufer in Münster zum Ausdruck, dass das Leben des neuen Volkes Israel in der heiligen Stadt Münster einer vollständigen Ausrichtung an den Geboten Gottes bedürfe.

Während die reformatorische Entwicklung Münsters in früheren Jahren davon abhängig gewesen war, dass sich die in Gilden und Gemeinheit organisierten Bürger gegenüber dem Rat zu Wort meldeten und ihre Forderungen vertraten, setzte sich die Formation der „Zwölf Ältesten" entsprechend der gegenüber Jan van Leiden göttlich vermittelten Erkenntnis aus Täufern unterschiedlicher Herkunft zusammen.

Mit Blick auf die Durchsetzung der neuen Sozialordnung verteilte man die Aufgaben zur Gewährleistung der Sozialkontrolle neu[269]: Der bisherige Bürgermeister Bernd Knipperdollinck bekam durch Jan van Leiden Polizeifunktion zugesprochen und hatte die nach Münster einwandernden Menschen auf ihre täuferische Zuverlässigkeit hin zu überprüfen. Zudem oblag ihm die Anklageerhebung, gegebenenfalls auch die sofortige Bestrafung kleinerer Vergehen sowie die Exekution von Gerichtsurteilen bis zur Hinrichtung[270]. Weitere Verantwortlichkeiten wurden eingerichtet: Unter anderem betraute man Diakone mit der Beschaffung der Nahrungsmittel[271] oder Hauptleute mit Führungsaufgaben im Bereich der Verteidigung[272]. Die nicht gewählten, sondern – darauf vertraute man – von Gott durch seinen Propheten Jan van Leiden eingesetzten „Zwölf Ältesten" sowie die Verteilung der Sonderaufgaben „machten die Gilden endgültig funktionslos", wie Ernst Laubach resümiert[273]: So hatten Münsters Täufer von der unmittelbaren Parusieerwartung Abschied genommen und ihr Gemeinwesen in enger Anlehnung an die Bibel als Volk eines neuen Bundes in ethischer Hinsicht sehr rigoros, in zeitlichen Fragen durchaus praktisch zu ordnen gesucht[274].

Die Unterordnung unter den Propheten Jan van Leiden brachte für das Sozialleben in der Stadt zahlreiche weitere Veränderungen mit sich; in ihren Ausmaßen mitunter ‚Paukenschläge', die stets rituell-interaktiv angekündigt wurden, um dann alltagskonkret umgesetzt zu werden. Anders gesagt: Da die Propheten die an sie ergangenen Forderungen als Aussagen Gottes an die Menschen verstanden, stellten sie eben diese himmlische Legitimation auch performativ heraus, wenn sie sich an das Volk wandten, um dieses zum Gehorsam gegenüber den göttlichen Forderungen aufzufordern. Die rituelle ‚Ummantelung', die die Mitteilung der himmlisch verfügten Maßnahmen im Sinne bewusst gewählter und hintergründig normverändernder Theatralik stets umgab, zeigte sich unter anderem im liturgisch vorgetragenen Dank der Gemeinde (Gebet, Lieder, Psalmenrezitation), wie noch näherhin zu erläutern sein wird. Offenbar war es nicht zuletzt die rituelle Einbindung der Prophetien, die den Widerspruch der Bevölkerung gegenüber den himmlisch verfügten Maßnahmen derart gering hielt. So galt es hinsichtlich der Umgangsformen im Dienste der Alltagsheiligung (wolden so hilligh sein) neue Regeln zu praktizieren[275]; bei der geforderten Kleidung war den Täufern seit der Installation der „Zwölf Ältesten" größtmögliche und im einzelnen geregelte Bescheidenheit vorgeschrieben. So sollten sie sich unter ihresgleichen als heilig erzeigen, wohingegen sie gehalten waren, andere Menschen auf der Straße nicht anzusprechen. Wenn sich die täuferischen Männer auf der Straße begegneten, so gaben sie sich die Hand, küssten sich auf den Mund und wünschten einander den Frieden. Die täuferischen Frauen grenzten sich von ihrer ‚heidnischen Umwelt' ab, indem sie eine besondere Mütze als Zeichen des urgemeindlichen Geschwistersinns trugen[276]. Weiterhin führte man – darauf wird noch zurückzukommen sein – im Sommer 1534 die Mehrehe der Männer in Münster ein[277]. Diese Maßnahme zog Unruhe unter der Bevölkerung nach sich[278], die sich bis zu einem ‚Putschversuch' am 30. Juli 1534 steigerte[279].

Nachdem – wie noch zu thematisieren – ein zweiter Versuch der Belagerer gescheitert war, die Stadt Münster einzunehmen, vervollständigten die Täufer diesen Abwehrsieg mit der Installation des Jan van Leiden als König von Münster[280]: Indem er gemäß prophetisch ergangener Offenbarungen zum König über das Neue Israel und über die ganze Welt wurde[281], löste er die „Zwölf Ältesten“ durch einen königlichen Hofstaat ab. Näherhin setzte sich der Hofstaat aus all jenen Menschen zusammen, denen in der unmittelbaren Gefolgschaft des Königs besondere Aufgaben innerhalb der Stadt übertragen waren[282]. Der „Hofordnung“ zufolge zählten 148 Personen zum Hofstaat, sowohl Einheimische als auch Zugewanderte, freilich mit dem Unterschied, dass die Schlüsselpositionen in der Mehrzahl an angestammte Münsteraner gingen: „Gerade in den führenden Positionen saßen wieder mehrere wohlhabende Männer. Jan van Leiden hat also seine Herrschaft keineswegs vornehmlich auf die ‚Holländer und Friesen‘ gestützt.“[283]

Mit einer für Münster beispiellosen Pracht stattete Jan van Leiden seine Herrschaft aus. Er selbst nahm sein Domizil in einem der schönsten Domherrenhöfe am Domplatz, welcher fortan „Berg Zion“ hieß. Sowohl die Königin als auch des Königs später bis zu 15 weitere Frauen erhielten Wohnung in einem Nachbarhaus[284]. Von besonderer Kostbarkeit waren seine königlichen Insignien und der erhöhte Sessel, auf dem er Platz nahm während der Gottesdienste auf dem Prinzipalmarkt oder wenn er zu Gerichte saß. Der Eindruck königlichen Reichtums wurde weiterhin dadurch verstärkt, dass sich der Herrscher bei wichtigen Anlässen von seinem Hofstaat umgeben zeigte[285], überdies von zwei Knaben, die mit einem Schwert und einer Bibel seinen Thron umstanden und von seinem königlichen Selbstverständnis kündeten[286].

Der vom König zum „Worthalter“ des Täuferreiches ernannte Bernhard Rothmann, welcher sich selbst als „Vollender“ des täuferischen Aufbruchs verstand[287], erläuterte das Selbstverständnis des königlichen Herrschers in theologischer Hinsicht. So heißt es in seiner „Restitution“ von Oktober 1534, dass Gott in dem

Maße, wie er nach des Menschen Irrungen die Verhältnisse im biblisch-ursprünglichen Sinne wiederhergestellt habe[288], in Münster auch die originären Herrschaftsverhältnisse neuerlich einrichten würde. Aus diesem Grunde sei das Königreich des Jan van Leiden dasjenige des neuen David, des „Prämessias“ oder „Vorläuferherrschers“[289], welchem Salomo – mit Christus identisch – als der wahre Friedensfürst nachfolgen werde[290].

d. *Täuferisches Königtum mit universaler Reichweite*

Das biblisch rückgebundene Selbstverständnis der Täufer in Münster spiegelt sich lebenspraktisch auch darin wider, dass sie – veranlasst durch eine göttliche Offenbarung – am 13. Oktober 1534 einige kurzerhand zu Aposteln ernannte Prediger aus ihren Reihen in die vier Himmelsrichtungen entsandten, um auch in den Städten Osnabrück, Warendorf, Soest und Coesfeld die täuferische Lehre zu verbreiten[291]. Aus ihrer eschatologischen Sicherheit heraus suchten die Täufer so mit womöglich weltweit ausgreifendem Anspruch die Überlegenheit der geistlichen Waffen gegenüber den irdisch-militärischen Waffen zu erweisen[292].

Vor der genannten Aussendung hatte der Prophet Johann Dusentschuer ursprünglich den Plan vertreten, die gesamte täuferische Gemeinde sollte Münster verlassen[293]. Nachdem jedoch der Plan durch den militärischen Oberbefehlshaber Münsters in letzter Minute verworfen worden war[294], hatte der König Jan van Leiden daraufhin sogar sein Amt aufgegeben, um freilich alsbald auf eine göttliche Offenbarung des Propheten Johann Dusentschuer hin doch wieder in sein Königtum einzutreten[295]. Aus der Sicht des Münsteraner Bürgers Heinrich Gresbeck stellt sich der Vorgang so dar, dass der vormals zum Propheten ernannte und dann zum König erhobene Jan van Leiden nach seiner Resignation vom Königsamt selbstverständlich weiter als Prophet wirken konnte; ein Hinweis darauf, dass der Prophetenstatus durch die Erhebung zum König (bzw. den Rücktritt vom Königtum) unangetastet blieb.

Übrigens konnten die 27 Apostel gegen Abend die feindlichen Linien vor der Stadt ohne weitere Zwischenfälle passieren. Erst an ihren Zielorten Osnabrück, Soest und Coesfeld[296] trafen die Apostel auf Widerstand und wurden festgenommen; allein in Warendorf stieß ihre Mission auf ein positives Echo, so dass sich Bischof Franz von Waldeck hier zum militärischen Eingreifen genötigt sah, indem er die Stadt ihrer Privilegien entsetzte und die Täufer nebst einigen ihrer Warendorfer Sympathisanten hinrichten ließ[297]. So erlitten schließlich mit Ausnahme Heinrich Graess', der die Fronten wechselte, alle 27 Apostel in Anwendung des Reichstagsbeschlusses von 1529 den Märtyrertod. Ebenso scheiterten die im November und Dezember 1534 nach den Niederlanden abgesandten Täufer mit ihrer Ausbreitung der täuferischen Lehre[298].

Während man bis dahin Misserfolge bei der Etablierung des Täuferreiches als bestätigenden Ausdruck des ‚Endkampfes' vor dem endgültigen Kommen Christi aufgefasst hatte, bewirkten der Tod der Apostel und die fortdauernde Umklammerung durch den Bischof eine tiefe Niedergeschlagenheit unter den Bewohnern von Münster. Mitten in diese Depression fiel die Fertigstellung von Bernhard Rothmanns Schrift „Ein tröstlicher Bericht von der Vergeltung (‚Wrake')“[299]. Mit Hilfe dieser Argumentation suchte er die aktuelle Situation Münsters in den Heilsplan Gottes einzuordnen: In einem ersten Schritt deutete er die Zunahme der Verfolgung als Ausdruck einer umso größeren Nähe zur endgültigen Ankunft Christi. Zweitens sah er das Strafgericht über die Gottlosen unmittelbar bevorstehen; der dafür notwendige und gemäß alttestamentlichem Vorbild aus geringem Hause stammende König sei ja bereits installiert, und alle Untertanen sollten ihn nach Kräften unterstützen. Freilich mahnte er die Täufer in seiner ‚Werbeschrift', mit der er die Hilfe für die belagerte Stadt Münster zu mobilisieren suchte[300], erst dann militärisch loszuschlagen, wenn sie dafür vom göttlichen Vater ein eindeutiges Zeichen empfangen hätten.

Offensichtlich erhob sich bis zur bischöflichen Eroberung der Stadt Münster keine starke Opposition mehr gegen den König Jan van Leiden. Unangefochten präsentierte er sich als ‚Vater' eines jeden Getauften, weshalb er sich die Namensgebung der Neugeborenen vorbehielt[301]. Weiterhin gestaltete der König den Raum der Stadt als seinen Herrschaftsbereich, indem er die traditionellen Namen der Straßen und Stadttore durch neue Namen ablöste, ihnen auf diese Weise womöglich eine königliche Dignität zusprechen wollte[302]. Auch den Dom und den Alten Dom mit dem Domhof, überdies alle Kapellen und Kirchen der Stadt benannte er um[303]. Schon mit Beginn der Täuferherrschaft hatten sich die christlichen Ausdrucksformen verändert: Der wöchentliche Fleischverzicht am Freitag war entfallen ebenso wie während der Fastenzeiten; Fleisch galt als ein stets erlaubtes Nahrungsmittel[304]. Auch die Heiligen- und Apostelfeste – von der Reformation in Münster im Unterschied zu derjenigen anderer Städte unangetastet geblieben[305] – schafften die Täufer ab.

In den letzten Monaten kämpfte die Gemeinde gegen den Hunger[306]. Die Haustiere (Pferde, Hunde, Katzen) innerhalb der Stadtmauern mussten als Nahrung dienen, nachdem die Nahrungszufuhr von außen aufgrund des bischöflichen Belagerungsringes nicht länger gewährleistet war[307]. Überdies wussten es die Belagerer mittlerweile effektiv zu verhindern, dass die Kühe der Stadt zwischen der Stadtmauer und dem Belagerungsring grasen konnten. Angesichts dieser Not für Menschen und für Tiere verließen auch wehrfähige Männer die Stadt, wurden jedoch – davon wird noch zu reden sein – fast alle von den bischöflichen Truppen ermordet[308].

Nachdem am 23. Mai 1535 der Schreiner Heinrich Gresbeck aus der Stadt geflohen war und sich dem Bischof als ‚Kronzeuge' angeboten hatte[309], bestätigten die Verantwortlichen des bischöflichen Belagerungsheeres nach einer entsprechenden Überprüfung dessen Aussagen zu den besonders anfälligen Stellen der Stadtbefestigung. Mit diesen Informationen unternahm man in der Nacht zum 25. Juni 1535 tatsächlich den entscheidenden Schlag gegen die Stadt und krönte damit die mehrmonatige und zehrende Zeit der Belagerung.

5. Die bischöfliche Stadteroberung

Die 1534 beginnenden Versuche des Bischofs, die Stadt Münster mit Gewalt wieder in seine Hände zu bekommen, werfen die Frage nach den Befestigungsanlagen auf, über die Münster damals verfügte und die der Bischof zu überwinden suchte. Seit dem 14. Jahrhundert traf ein Angreifer von außen (nach innen) auf vier Hindernisse: Außengraben mit Bollwerken, Wall, Stadtgraben und Stadtmauer[310]. Mitte des 15. Jahrhunderts wurden die als Bollwerke bezeichneten Erdanlagen nochmals verstärkt, so dass auf den zu Rundellen ausgebauten und dem Außenwall vorgelagerten Erd- und Steinvorbauten Geschütze aufgestellt und Angriffe auf die im Hintergrund liegenden Stadttore verhindert werden konnten[311]. Aufgrund dieser strategischen Lage ist gegenüber der früheren Forschungsmeinung, die starke Stadtbefestigung sei das Werk der Täufer, zu unterstreichen: „Die Täufer fanden eine vorzügliche Stadtbefestigung vor, die unter den Bedingungen der Belagerung, d. h. im Schussfeld des Feindes, kaum zu verbessern war.“[312] Freilich suchten die Täufer die Befestigungsanlagen angesichts der bischöflichen Bedrohung 1534 doch noch weiter zu verstärken: „Die von den Täufern im Bildersturm (Beginn 23. Februar 1534) aus den Kirchen und Friedhöfen entfernten und zerschlagenen Bildwerke und Grabsteine wurden zu den nächstgelegenen Torrundellen geschafft und dort z. T. als Fundament von Straßensperren verwendet.“[313]

Die Eroberung Münsters stellte den Endpunkt der monatelangen bischöflichen Belagerung dar, deren Entwicklung und Infrastruktur anhand einiger Schlaglichter in Erinnerung gerufen sei: Anfang März 1534 standen in bischöflichen Diensten insgesamt etwa 115 Ritter und 26 Erbmänner, von denen jeder zwei oder drei Männer sowie zwei bis acht Pferde mitbrachte[314]. Zudem stellte der Bischof dienstlose Söldner ein, deren Zahl im Sommer 1534 auf 7.000 bis 8.000 anstieg[315].

Der bischöfliche Plan sah sieben Söldnerlager vor, die in einem Ring um die Stadt angelegt werden sollten. Die ersten drei Lager waren Ende März 1534 installiert: Das erste befand sich unweit der Ruinen von St. Mauritz, das zweite in den Niederungen der Aa vor dem Aegidiitor, das dritte beim „Swineborn“ auf dem Jüdefelder Esch. Zwischen April und Mai 1534 hatte man den Blockadering um Münster durch vier weitere Lager verstärkt: Eines lag vor dem Ludgeritor, das zweite vor dem Kreuztor, das dritte bei der Enkingmühle und das vierte vor dem Frauentor auf der Sentruper Heide. In einer gewissen Distanz zu diesen sieben Lagern hatte man seit Februar 1534 einen zweiten Belagerungsring gezogen, indem der Adel von Münster vier Reiterlager einrichtete: Lager eins am Haus Nevinghof im Norden, Lager zwei und drei am Haus Lütkenbeck bzw. am Haus Kaldenhof in südöstlicher Richtung und Lager vier im westlich von Münster gelegenen Roxel. Während der bischöfliche Hof in Telgte angesiedelt war, fanden die Verordneten der Landschaft sowie auswärtige Beobachter ihre Unterkunft im Haus Diekburg[316].

Die schwere militärische Ausrüstung war von benachbarten Fürsten und Städten gestellt worden, da Bischof Franz selbst keine Artillerie besaß. Karl-Heinz Kirchhoff stellt das Ergebnis des ‚Wettrüstens' von Bischof und Stadt gegenüber: „Die Belagerer besaßen 42 Geschütze (...). Demgegenüber hatten die Münsterschen 86 Geschütze und über 450 Hakenbüchsen auf Türmen, Mauern und Rundellen postiert."[317] Überdies wurde auf der Seite des Bischofs unterstützendes Gerät notwendig, für das die Ämter des Oberstiftes und des Niederstiftes zu sorgen hatten. Jedem Amt waren bis zum 24. April 1535 22 mit Stroh und Heide gefüllte Wagen abgefordert, sowie weitere 22 Wagen mit gebundenen ‚Buschken'. Den Ämtern im Niederstift wurde diese Last aufgrund der weiten Entfernungen gegen Geldleistungen schließlich erlassen. Auch Lebensmittel wurden von weit her herangekarrt: Unter anderem beteiligten sich an der Versorgung des inneren und äußeren Belagerungsringes die Städte Osnabrück, Bielefeld, Lippstadt, Hamm, Dortmund, Unna, Geseke und Soest, das Stift Paderborn sowie das Herzogtum Westfalen; ebenso die Ämter Dülmen, Ahaus, Bevergern und Sassenberg, nicht zuletzt die Stadt Coesfeld[318]. – Schließlich mussten die anfallenden Kriegskosten umgelegt werden: Kirchen und Klöster des Stiftes sollten den zehnten Teil ihrer Einkünfte zur Verfügung stellen. Doch kam auch die ländliche Bevölkerung nicht abgabenfrei davon, so sehr sich der Bischof ergänzend um private Geldanleihen mühte, damit er die Kosten für den Krieg aufzubringen vermochte[319]. Nicht zuletzt waren seit 1534 überregional weitere Fürsten an der Finanzierung der bischöflichen Maßnahmen gegen die Täuferherrschaft beteiligt[320].

Die militärische Eroberung Münsters erfolgte als bischöflich initiierter „final showdown“[321] in der Nacht vom 24. auf den 25. Juni 1535, nachdem zwei Überläufer – darunter der bereits genannte Heinrich Gresbeck – den Angreifern einen besonders vorteilhaften Weg über den Graben und den Wall in die Stadt verraten hatten. So drangen etwa 300 bis 400 Söldner durch das Kreuztor in die Stadt vor. Unterstützung von außen erhielten sie allerdings erst am nächsten Morgen, denn den Täufern war es kurz nach dem Einbruch der Söldner gelungen, das Kreuztor wieder zu schließen[322]. Die Mannen des Bischofs vermochten das Jüdefeldertor erst am folgenden Morgen zu öffnen, um den übrigen Söldnern den Zugang zur Stadt zu ermöglichen[323].

Wen trafen die Angreifenden in der Stadt an? Im Vergleich zu den etwa 9.000 Menschen, die noch im Dezember 1534 in Münster gelebt hatten, darunter 2.000 Männer, von denen 1.600 wehrfähig waren, hatte sich deren Zahl infolge von Hungersnot und Auszug deutlich reduziert: „Als es zum Kampfe kam“, so resümiert Karl-Heinz Kirchhoff, „schätzte man die Gesamtzahl der Verteidiger auf 800, die Zahl der letzten Kämpfer in der Wagenburg auf ca. 300.“[324] Dieser kleinen Schar standen 3.000 Mannen auf der Seite des Bischofs gegenüber. Vor der Eroberung hatten sich die Landsknechte allein verpflichtet, Schwangere und Wöchnerinnen, Priester und Kirchen zu schonen, so dass sich in der Stadt ein „großes Morden“ ereignete[325], was innerhalb der Stadtmauern sofort mehr als 650 Menschen das Leben kostete; nur wenige Männer ergaben sich freiwillig, und noch weniger von ihnen ließ man ihr Leben. Dem Bischof, der am 29. Juni 1535 in die Stadt einzog, muss sich angesichts der vielen noch in den Straßen liegenden Toten ein Bild des Grauens gezeigt haben, bevor Bauern in die Stadt gelangten, um die Verhungerten und Erschlagenen in Massengräbern beizusetzen.

Den offenbar zahlreichen Frauen der Täufergemeinschaft, die trotz der militärischen Niederlage weiter an ihrer Überzeugung festzuhalten schienen, wurde die Begnadigung allein unter der Bedingung zuteil, dass sie der täuferischen Lehre am 5. Juli 1535 auf dem Domplatz abschwörten. Wer den Schwur ablehnte, wurde endgültig aus der Stadt verwiesen. Zurückkehren durfte, wer vor der Machtübernahme der Täufer die Stadt verlassen hatte und sich nunmehr bereit zeigte, dem Bischof einen neuen Untertaneneid zu leisten. So lebten zwar 1536 wieder etwa 3.000 bis 5.000 Menschen in Münster, davon die Hälfte zugewandert; doch hatte Münster im Vergleich zur Zeit vor den reformatorischen Unruhen mindestens die Hälfte seiner Bevölkerung verloren. Erst um 1550 war die Bevölkerungszahl von 1530 durch Geburten und Zuzug annähernd wieder erreicht[326].

Die fünf gefangenen Anführer der Täufer, die zuvor nicht erschlagen worden waren, ließ der Bischof aus der Stadt bringen: Jan van Leiden, Bernd Knipperdollinck, Bernhard Krechting, Christian Kerckerinck und Gerlach von Wullen. Drei Tage wurden sie, gefesselt in Halseisen, in einem der Söldnerlager festgesetzt. Während Gerlach auf Betreiben seiner Verwandtschaft freikam, brachte man die übrigen vier in auswärtige Gefängnisse: Jan van Leiden zur Burg Bevergern und die drei anderen zur Burg Horstmar. Nachdem Christian Kerckerinck bereits im Juli 1535 hingerichtet worden war[327], ließ der Bischof die verbleibenden drei Gefangenen im Januar 1536 in die Stadt bringen und nach einem nochmaligen Verhör am 22. Januar auf einem Schaugerüst vor dem Rathaus hinrichten[328], bevor man ihre Leiber in den Käfigen am St. Lamberti-Kirchturm zur

Schau ausstellte. Derartige Körbe, entweder aus Stahl oder Holz gefertigt, dienten der entehrenden Strafverschärfung von hingerichteten Straftätern, zumal diesen die Erdbestattung zumindest auf Zeit vorenthalten wurde; doch konnten auch Kleinkriminelle darin der Öffentlichkeit vorgeführt werden. So gab es in Münster derartige Eisenkörbe am Pranger und an der Wasser-Wippe am Mauritztor – schließlich eben auch an St. Lamberti[329].

6. Ausblick: Die Rekatholisierung Münsters

Wie gezeigt, gaben die Täufer von Münster ihre aus dem Neuen Testament hergeleitete Entscheidungsfreiheit in Glaubensdingen entgegen ihrem ursprünglichen Anspruch schließlich auf. Anders gesagt: Während die Täufer von Münster mit der Option angetreten waren, die innengeleitete Frömmigkeit der Lutheraner zur konsequenten Richtschnur allen Handelns zu machen und sich aus diesem Grunde auch für die konsequente Installation der Entscheidungs- bzw. Erwachsenentaufe stark machten, sollte sich diese innengeleitete Frömmigkeit als Einfallstor eines Christentums unter einer neuerlich installierten Mittlerinstanz auswirken. In dem Maße nämlich, wie innerhalb der täuferischen Gemeinde von Münster die Propheten an Einfluss zunahmen und sie ihren auf visionär-göttliches Wirken zurückgeführten Befehl zur Installation einer Theokratie in die Tat umsetzten, entwickelte sich ein täuferisches Königtum als Ausdruck christlichen Mittlertums, das alle äußerlichen Zeichen katholischer Frömmigkeit an Prunk und Kosten übertraf.

Zwar wandte sich die Stadt Münster alsbald nach der Rückeroberung wieder dem römisch-katholischen Glauben zu[330]. Doch

Die Hinrichtung der drei führenden Täufer
Die anonyme Phantasiezeichnung aus dem 19. Jahrhundert dürfte der Wirklichkeit recht nahe kommen. Nach der öffentlichen Hinrichtung wurden die Körper der drei in Eisenkörben am Kirchturm der Lambertikirche aufgehängt.

stellt sich die wissenschaftlich bislang nicht beantwortete Frage, inwieweit sich dieses rekatholisierte Münster fortan an dem sowohl lutherischen als auch ursprünglich-täuferischen Anspruch einer innengeleiteten Frömmigkeit orientierte. Oder, so ist zu erwägen, herrschte nach dem Zusammenbruch der täuferischen Theokratie der Geist eines autoritär geführten Christentums vor – freilich unter den neuen Vorzeichen einer nicht länger königlichen, sondern neuerlich bischöflich-klerikalen Mittlerinstanz? Immerhin waren am Ende des 16. Jahrhunderts wieder 500 Kleriker in Münsters Mauern heimisch: „Hinsichtlich der Laien, die auf einen Kleriker kamen, lag Münster [damit] nicht weit hinter Köln, dem ‚deutschen Rom'", wie Ronnie Po-chia Hsia im Sinne des wiedererstarkenden katholischen Lebens in Münster herausstellt.

Zweiter Teil

DAS LEBEN DER TÄUFER IN MÜNSTER – EINE ABKEHR VON KATHOLIKEN UND LUTHERANERN

V. Kapitel

DAS TÄUFERISCHE ENTSCHEIDUNGS-CHRISTENTUM UND SEINE FOLGEN

Das folgende Kapitel präsentiert eine längsschnittartige Einordnung dessen, was die Katholiken, Reformatoren und Täufer in Münster für heilig hielten, von daher neuartige Hinweise darauf, inwiefern das Täuferreich eher an mittelalterliche Plausibilitäten anknüpfte oder inwieweit sich mit diesem religiösen Umbruch neue Räume auftaten für eine zukunftsweisende Utopie. Zugleich richtet sich der Blick der fragenden Neugier unter diesem Horizont mehr als zuvor auf die symbolischen Formen des Lebens in Münster zu Beginn des 16. Jahrhunderts, also näherhin auf verbale, rituelle oder ikonographische Sprechweisen, Kleidungscodes oder Habitusformen[331]. So sollen „Sinnformationen" und „symbolische Formen" in den diachronen Blick genommen werden, um die Veränderungen im Ringen um die religiös ideale Stadt Münster nicht allein anhand der Normen, sondern mehr noch anhand der jeweils maßgeblichen Vorstellungswelten bzw. anhand der jeweiligen Deutung von Handlungsmustern zu umschreiben[332]. Damit ist die Frage nach den Veränderungen des christlichen Lebens in Münster während des 16. Jahrhunderts zugleich eine Frage nach den Veränderungen der Symbolisierungen[333], ja eine Frage danach, wie eine Deutungsmacht etabliert wird oder Deutungen der Welt durchgesetzt werden, um den Alltag der Menschen zu prägen[334].

1. Die Taufe – Heiliger und heiligender Ritus

„Das Täufertum der Reformationszeit umfasst eine Vielzahl religiöser Gruppen, die die Kindertaufe verwarfen und seit 1525 die Erwachsenentaufe praktizierten."[335] Darüber hinaus gilt es mit Blick auf die Charakteristika der täuferischen Bewegung zu gewärtigen: „Gemeinsame Lehre der Täufer war, bei großen Differenzen im einzelnen, die Forderung der in der Bekenntnistaufe zum Ausdruck kommenden Bereitschaft einer neuen christlichen Lebensführung."[336] Mit diesem Anspruch wandten sich die Täufer von der im Mittelalter praktizierten Säuglingstaufe ab, um sich jener während der ersten drei nachchristlichen Jahrhunderte weithin praktizierten Erwachsenentaufe neuerlich zuzukehren; denn während das Mittelalter die (Säuglings-)Taufe als heiligen Reinigungsritus verstand, mit dem das Kleinkind schnellstmöglich nach seiner Geburt von den Auswirkungen der seit Adam und Eva weitergegebenen ‚Erbsünde' befreit werden sollte[337], hatte die Alte Kirche die Erwachsenentaufe als heiligen Entscheidungsritus verstanden.

Insgesamt muss das Mittelalter als ein von der Erwachsenentaufe ‚abgefallenes' Zeitalter gelten[338] – eine Feststellung, die auch auf Münster zutrifft. Auch hier wurde die Kindertaufe seit der Christianisierung im 9. Jahrhundert gespendet, also eine Taufe ohne vorherige Unterweisung des Täuflings und ohne dessen persönliche Einwilligung.

a. Das theologische Ringen um die exklusive Heiligkeit der Bekenntnistaufe

Als Bernhard Rothmann spätestens 1531 mit Argumenten in die Öffentlichkeit trat, die eine langsame Abkehr von seiner bis dahin katholisch-mittelalterlich geprägten Christlichkeit verrieten, gab er sich überzeugt davon, dass getaufte Laien um ihres Heiles willen nicht auf die Heilsmittlerschaft der altgläubigen Priester angewiesen seien. Ein Dreischritt mache den Getauften zu einem guten Christen: Erstens bewirke Gott selbst den Glauben, welcher sich zweitens in einer Neuausrichtung des eigenen Lebens zu erkennen geben müsse, bevor der Mensch drittens sein gesamtes Leben mit Werken aus dem Glauben neu gestalte[339]. In Abweichung vom lutherischen Konzept der Heiligung insistierte Bernhard Rothmann demnach bereits 1531/1532 darauf, dass sich der Glaube an Gott in einem Leben entsprechend dem Evangelium tatkräftig zu erkennen geben müsse. Als sich Bernhard Rothmann 1533 in Reaktion auf das Marburger Theologengutachten aufgerufen sah, eine eigene Lehre von der Taufe zu entwickeln, schrieb er – hier ganz in Übereinstimmung mit der vielfältigen Täuferbewegung und deren Kernargumenten[340] – fest, dass der Glaube als Voraussetzung für den Empfang der Taufe unabdingbar sei[341].

Die für Münster neuartige Option zugunsten der Erwachsenentaufe sollte Bernhard Rothmanns theologische Gegner zügig auf den Plan rufen. So fasste der Franziskaner Johannes von Deventer, Domprediger zwischen 1531 und 1533, die altgläubigen Argumente zugunsten der Taufe von Säuglingen prägnant und ausführlich zusammen. Grundlegend beschuldigt er Bernhard Rothmann in einer 1533 gedruckten Schrift, dass der Aufrührer nicht zwischen „heilig“ und „profan“ unterscheide und deshalb theologisch irre[342]. Im Sinne von Merksätzen stellt Johannes von Deventer vielfältige Gründe für die damals von Bernhard Rothmann in Zweifel gezogene Kindertaufe heraus, welche er als heiligen Ritus unangetastet sehen will[343].

Im Rahmen seiner Argumentation weist Johannes von Deventer unter anderem hin auf die Sünde von Adam und Eva, insofern deren Verrat auch jedes neugeborene Menschenkind verunreinige, so dass die reinigende Taufe schnellstmöglich geboten sei. Weiterhin habe Jesus die Kinder zu sich gerufen (Mt 19,14), was der altgläubige Theologe als klaren Hinweis auf Jesu Spendung der Kindertaufe wertet. Drittens habe der Apostel Paulus in Korinth die gesamte Familie des Stephanas getauft (1 Kor 1,16), also sowohl die Erwachsenen als auch die Kinder. In seiner weiteren Argumentation weist Johannes von Deventer darauf hin, dass an die durch Jesus abgelehnte Beschneidung der Säuglinge am achten Tag die Taufe getreten sei, so dass eine zügige Kindertaufe unausweichlich sei. Fünftens teile Gott jedem Menschen das Heil als das größtmögliche Geschenk voraussetzungslos zu, also ohne verstehende ‚Vorleistung' des Täuflings. Diesem Argument billigt Johannes von Deventer umso höhere Bedeutung zu, da er alle ungetauft versterbenden Kinder für rettungslos verloren hält; denn die Hingabe Jesu für alle Menschen (Lk 19,10) beziehe sich allein auf die Getauften.

Angesichts der von den Altgläubigen und den Lutheranern verfochtenen Argumente zugunsten des Festhaltens an der Kindertaufe zeigten sich Bernhard Rothmann und die Seinen unbeeindruckt; sie wandten sich gegen den „Irrtum der Kindertaufe"[344]. Ebenso wie den oben zitierten Vorwurf des Johannes von Deventer, er unterscheide Heiliges nicht von Profanem, hätte Bernhard Rothmann diesen Angriff gegen den ihm widersprechenden Franziskaner zurückschleudern können. Denn im Kern laufen alle

Argumente Bernhard Rothmanns zugunsten der von ihm zum damaligen Zeitpunkt bereits als exklusiv heilig erachteten Erwachsenentaufe auf eine einzige Grundaussage hinaus: Die Frömmigkeit der Altgläubigen basiere auch in puncto Kindertaufe darauf, dass sie Inhalte der Heiligen Schrift nicht im Sinne des reinen Originals läsen, sondern die Texte stattdessen nach eigenem Dafürhalten interpretierten, überdies verdrehten und damit ‚verunreinigten', ja profanierten.

Entsprechend ließe die Perikope von Jesu Kindersegnung keinen Rückschluss auf die Kindertaufe zu[345]; sonst „möste men oick wal Ezel, stennenkruken, tijnspenninge, golt, wijrock vnd myrrha thor doepe brengen vnd doepen", wie Bernhard Rothmann mit polemischem Unterton und hinsichtlich all jener Gaben hinzufügt, die man Jesus brachte[346]. Ebenso wenig Argumentationskraft komme anderen Behauptungen zugunsten der Kindertaufe zu: darunter dem Verweis auf die alttestamentliche Beschneidungspraxis[347], dem Bezug auf die urkirchliche Oikos-Taufe (Taufe der Eltern und – möglicherweise gleichzeitig – ihrer Kinder)[348] oder der Sorge um den Heilsverlust von ungetauft sterbenden Kindern[349]. Stattdessen sei von alleiniger Relevanz, dass Christus die Kindertaufe nirgends befohlen habe, wie Bernhard Rothmann und seine Anhänger als ihr wichtigstes Argument gegen die Kindertaufe beständig wiederholen[350]. Wenn Bernhard Rothmann schließlich das Argument seiner Gegner aufgreift, die Apostel hätten gleichwohl die Kindertaufe bereits praktiziert, so weist er sogar deren Praxis für den Fall als „unaufrichtig" und „unheilig" zurück, dass es sich tatsächlich so verhalten haben sollte[351]. Entsprechend berufen sich die Befürworter der Erwachsenentaufe grundsätzlich darauf, dass „die ordenunge gots vast" und höher stehe als die Taufpraxis der Apostel, was eine Taufe von Kindern ausschließe, weil diese aufgrund ihrer fehlenden Vernunft zum Glaubensbekenntnis noch nicht in der Lage seien.

Sämtliche von den Befürwortern der Kindertaufe vorgetragenen Argumente seien nichts als Menschenwerk. Allein wer die Praxis der Apostel kenne, welche die Taufkandidaten als erstes im christlichen Bekenntnis unterwiesen hätten, um sie in einem zweiten Schritt zu taufen (erst gelert, dann getaufft[352]), dürfe sich zu Recht auf die Praxis der Alten Kirche berufen[353]. Wie könne denn ein unverständiger Täufling dem Alten Menschen ab- und im Geiste Christi dem Neuen Menschen zusagen, fragt Bernhard Rothmann, um die Unmöglichkeit eines solchen Unterfangens sogleich klarzustellen[354]. Stattdessen gilt ihm die Kindertaufe als Anfang aller Verwüstungen in der christlichen Geschichte[355].

Die hinsichtlich der Kinder- und Erwachsenentaufe vorgetragenen Pro- und Contra-Argumente standen auch im Mittelpunkt der entsprechenden Disputation, die der Syndikus Johann von der Wieck für den 7. und 8. August 1533 auf dem Rathaus in Münster einberufen hatte. Zu den Befürwortern der Kindertaufe zählten: der in Westfalen hochgeachtete Humanist Hermann Buschius, der Schulmeister Johann Glandorp sowie die Fraterherren Johann Holtmann und Dietrich Bredenworth. Auf täuferischer Seite stritt Bernhard Rothmann mit einigen Mitpredigern, die ihn auch bei der Abfassung seines „Bekenntnisses von beiden Sakramenten“ wenige Wochen später unterstützen sollten[356]. Grundsätzlicher als die oben einzeln aufgeführten Pro- und Contra-Argumente warf diese stadtöffentliche Auseinandersetzung über die Legitimität der Kindertaufe die Frage nach der Normativität des Neuen Testamentes für die aktuelle Glaubenspraxis in der Stadt auf. Wiederum orientierten sich Bernhard Rothmann und die Seinen hinsichtlich der maßgeblichen Taufpraxis allein an den wörtlichen Vorgaben der

Bibel, welche von der Kindertaufe schweigt[357]. Auf diese Weise vermochten sie ihren Gegnern ein bemerkenswertes Geständnis abzuringen; denn als Befürworter der Kindertaufe räumte Hermann Buschius ein, dass die Kindertaufe im Neuen Testament tatsächlich nicht ausdrücklich erwähnt sei[358].

Wenn das genannte Zugeständnis der Kindertauf-Befürworter an Bernhard Rothmann freilich nicht zu deren Gesinnungsänderung führte, dann sah Hermann Buschius dieses Beharren dadurch gerechtfertigt, dass auch die Kindertaufkritiker um Rothmann in vielen ihrer Positionen keineswegs mit den Vorgaben des Neuen Testamentes übereinstimmten, ihr Leben deshalb also keineswegs so ‚heilig' sein könne wie von ihnen unter vermeintlicher Herleitung aus dem Neuen Testament beansprucht. So kenne das Neue Testament jedenfalls kein Gebot, die Kinder nicht zu taufen[359].

Kurzum: Ebenso wie die Rothmann-Leute das Neue Testament nicht in allen Aspekten lupenrein und ohne ‚menschliche Ergänzungen' verwirklichten, nahmen das auch die Kindertauf-Befürworter zu ihren Gunsten in Anspruch. Mehr noch: Während sich die Kindertauf-Befürworter im Sinne eines Autoritätsargumentes ausdrücklich auf die über das Neue Testament hinausweisende Kindertauf-Praxis der Kirchenväter beriefen[360], sahen sie die Rothmann-Gefolgsleute dadurch in ihrer Glaubwürdigkeit geschwächt, dass diese ihre aktuellen Ergänzungen des Neuen Testamentes heimlich vornahmen.

Rückblickend ging es bei der Disputation vom August 1533 um die über ewiges Leben und ewigen Tod entscheidende Frage, welche der beiden Gruppen in der Stadt für sich in Anspruch nehmen konnte, das reine Evangelium in seiner Heiligkeit zu respektieren, ohne es durch menschliches Interpretieren zu verunreinigen; denn nur ein ‚rein' gehaltenes Evangelium – so die von beiden Gruppierungen geteilte Überzeugung – vermochte die Stadt in ausreichendem Maße zu heiligen. Angesichts dieser Bedrängnis sollte sich während der folgenden Monate nicht allein der Streit um die Kinder- und Erwachsenentaufe zuspitzen, sondern zugleich die Frage in den Vordergrund rücken, ob die bereits als Kinder getauften Christen nunmehr die Bekenntnistaufe zu empfangen hätten oder nicht[361]. In jedem Falle ergab sich für die Täufer die Notwendigkeit, angesichts der Abkehr von der Kindertaufe und der Hinkehr zur Erwachsenentaufe den traditionellen Taufritus einer Revision zu unterziehen und an die neuen Erfordernisse anzupassen.

b. Der Ritus der Bekenntnistaufe in Münster

Das Ringen um die Bekenntnistaufe war erst seit Beginn des Jahres 1534 soweit entschieden, dass man in Münster fortan allein noch Erwachsene taufte. Wie mag die Taufspendung unter den Täufern in Münster vor sich gegangen sein? Nicht zuletzt ist nach dem genauen Taufritus zu fragen, den man anwendete, als im Januar 1534 stadtweit innerhalb von acht Tagen 1.400 Personen die Taufe empfingen[362]; denn allein durch die Rekonstruktion der Taufspendung lässt sich vertiefend erschließen, worin die Täufer die Heiligkeit des Taufempfangs begründet sahen.

Versteckte und bislang nicht ausgewertete Hinweise zur Spendung der Taufe in Münster kurz vor und während der Täuferherrschaft finden sich in einem Spottgedicht, das die Situation Münsters zwischen 1530 und 1534 in Reimversen präsentiert. Diesem wahrscheinlich 1534 durch einen Lehrer der Domschule verfassten Werk[363] zufolge sang man zumindest seit Münsters Hinkehr zur Reformation die Psalmen in der Muttersprache[364]. Ob die Altgläubigen in Münster bereits zuvor auf deutschsprachige Liturgien lutherischer Herkunft zurückgriffen, wie derartiges andernorts geschah[365], lässt sich bislang nicht bejahen. Wenn sich das „in den kerken singen, ropen, predigen und lehren“ auf Deutsch vollzogen[366], liegt immerhin die Vermutung nahe, dass man im Zuge der Reformation in Münster auch die Taufliturgie in niederdeutscher Sprache gefeiert haben wird. So ist zum einen die Rede von „dat dütsche lessen in den kerken“[367], überdies von namentlich benannten Befürwortern muttersprachlich gesungener Psalmen[368]. Auf der anderen Seite erwähnt der Verfasser die Veränderungen der traditionellen Liturgien, die auf der Einführung der Muttersprache beruhten[369].

Dem Verfasser des Spottgedichts gilt Bernhard Rothmann als Urheber der muttersprachlichen Lesung[370]. Im genannten Zusammenhang wird dieser auch als Initiator des Wechsels von der mittelalterlich-lateinischen zur muttersprachlichen Taufliturgie namhaft gemacht[371]. Offenbar vollzogen sich Bernhard Rothmanns Änderungen der Liturgie, darunter eben auch die Umstellung der Taufliturgie auf die Muttersprache, insgesamt sogar zügig[372].

Um bereits die Kindererziehung auf den späteren Empfang der Bekenntnistaufe hin zu orientieren, richteten die Täufer fünf oder sechs Schulen in der Stadt ein[373]. Immer ging es hintergründig darum, die heilige Entscheidung des Taufanwärters für Christus vorzubereiten. Demnach mussten die Kinder die deutschen Psalmen auswendig lernen. Überdies standen das Schreiben und Lesen auf dem Plan, um später selbständig mit den Texten der Heiligen Schrift umgehen zu können[374].

In Anknüpfung an spätmittelalterliche Traditionen war das schulische Lernen von Anfang an mit einer regelmäßigen liturgischen Praxis verbunden[375]. Während unklar bleibt, wer die Kleinen in der Schule unterrichtete, hörten sie im Dom offenbar werktäglich eine wahrscheinlich von den Prädikanten vorgetragene Predigt, bevor die Kinder zum Abschluss der Zusammenkunft einen deutschen Psalm sangen und dann wieder nach Hause gingen. Das gemeinsame Singen eines deutschen Psalmes eröffnete und beschloss auch den schulischen Unterricht[376]; entsprechend antwortete man im Miteinander der gesamten Gemeinde auf die Mitteilung einer göttlichen Offenbarung oder auf die Ansprache des Königs mit dem Gesang eines deutschen Psalms[377]. Somit begnügten sich die Täufer in Münster 1534 und 1535 keineswegs damit, den als Säuglingen getauften Christen ihre Christus-Zugehörigkeit abzusprechen. Im Gegenteil: Ebenso wie aus dem 16. Jahrhundert zahlreiche Schulordnungen mit vergleichbaren Inhalten überliefert sind[378], suchten die Täufer die Kerninhalte des christlichen Glaubens (Tod und Auferstehung Christi; Absterben gegenüber dem Alten Leben und tatkräftige Hinkehr zur neutestamentlichen Ethik[379]) bereits den Kindern zu vermitteln. Schließlich sollte alle (täuferisch gesinnten) Christen die dreigestufte Hinkehr zum Christentum verbinden: 1. Hören der christlichen Verkündigung sowie Glaube an die christliche Botschaft als persönliche Antwort; 2. Empfang der Taufe; 3. Festhalten an der im Neuen Testament niedergelegten christlichen Lebensweise[380]. Ob diese umfassende Einführung in das Christentum freilich bei jedem erwachsenen Täufling erreicht wurde, muss – wie oben schon angesprochen – unsicher bleiben.

Selbst wenn der Kampf um das Für und Wider der Kinder- bzw. Erwachsenentaufe derart in den Vordergrund trat, dass dagegen Details der rituellen Praxis nur mühsam erkennbar werden, lassen sich weitere Anhaltspunkte für die Taufspendepraxis der Täufer ausmachen. Allesamt verdeutlichen diese Hinweise, dass die Heiligkeit der Taufe aus der Sicht der Täufer nicht länger – so noch die altgläubige Überzeugung – von der Heiligkeit einzelner Elemente oder Teilriten abhing, sondern vielmehr allein von der persönlichen Entscheidung des einzelnen. So wird die jeweilige Taufvorbereitung ebenso wie der eigentliche Taufritus ohne Exorzismen ausgekommen sein[381]. Ebenso wenig wird man davon ausgehen können, dass die Täufer im Rahmen des Taufritus eine Segnung des Taufwasssers vornahmen; denn die Segnung von Weihwasser sahen Bernhard Rothmann und die Seinen bereits im August 1532 als einen Missbrauch an[382]. Die Mitteilung an den Rat, dass auch gesegnetes Öl als heidnisch anzusehen sei[383], bedeutet zugleich den Verzicht auf eine Besiegelung des Täuflings mit Chrisam. Weiter verdient die Zurückweisung von gesegnetem Salz im Taufritus liturgische Beachtung[384]. Die grundsätzliche Ablehnung von geweihten Kerzen[385] wird implizit auch den Verzicht auf die Taufkerze umfassen.

Angesichts des neutestamentlichen Schriftzeugnisses, das allein den ausdrücklich bekundeten Willen des Taufkandidaten sowie die Taufspendung mittels Wasserritus überliefert, spricht vieles dafür, dass sich auch der Taufritus der münsterischen Täufer auf die Absage des Täuflings an alles Teuflische[386] sowie auf sein ausdrückliches Bekenntnis zum christlichen – also täuferischen – Glauben[387] beschränkte, woraufhin die Wassertaufe gespendet worden sein könnte. Konsequent hebt Bernhard Rothmann in seinem „Bekenntnis von den beiden Sakramenten“ das Eintauchen als zentrales Element der Initiation hervor[388], um ebenso nachdrücklich zu unterstreichen, dass freilich eine Tauchung ohne vorherige Belehrung sowie ohne Glaube nicht dem Taufbefehl Christi entspreche. Als Spendeformel akzeptiert Bernhard Rothmann sowohl die eingliedrige („im Namen Gottes“[389]) als auch die auf Mt 28,19 zurückgehende dreigliedrige Spendeformel („im Namen des Vaters, des Sohnes und des Heiligen Geistes"), wenngleich er in seinen Schriften die dreigliedrige Formel weitaus häufiger erwähnt als die eingliedrige[390]. Es verdient Beachtung, dass der von Bernhard Rothmann knapp skizzierte Taufritus in anderen zeitgenössischen Überlieferungen seine Bestätigung findet[391].

Wer alt oder krank war oder die Taufe nicht auf dem Marktplatz empfangen wollte, konnte sie auch zu Hause empfangen[392]. Bernd Knipperdollinck berichtet rückblickend, dass Bernhard Rothmann den Menschen, die in seinem Hause getauft wurden, als erstes das Wort Gottes verkündigt habe, bevor die Täuflinge auf die Knie gefallen seien und die Taufe empfangen hätten[393]. – Wer die Taufe im Rahmen der großen Massentaufe am 27. Februar 1534 auf dem Marktplatz in der beschriebenen Weise empfing, ließ sich zuvor in den am Marktplatz gelegenen Häusern der beiden täuferisch gesinnten Bürgermeister bei seinem Namen aufschreiben[394]. Es ist nicht bekannt, ob Namenslisten der Getauften von Anfang an geführt worden sind, aber man kann wohl davon ausgehen.

Zwar wird nichts über ein Taufkleid übermittelt, das die Täufer nach ihrer Bekenntnistaufe trugen; doch eine Einheitskleidung lässt sich für die Täufer in Münster anhand der Überlieferung von Heinrich Gresbeck allemal erkennen[395]. Die beschriebene Kleidung diente dem Ziel der Abgrenzung selbst gegenüber dem eigenen Vater oder der eigenen Mutter für den Fall, dass diese die Erwachsenentaufe noch nicht empfangen hatten[396].

Im Gesamtrückblick auf die täuferische Initiationspraxis fällt auf, dass sich der in Münster zwischen 1532 und 1535 lodernde Streit um die Taufe nur mittelbar an umstrittenen Einzelelementen des Taufritus festmachte; vielmehr bezog er sich umso grundlegender auf die unter Altgläubigen, Lutheranern und Täuferischen umstrittene Legitimität der Kinder- und der Erwachsenentaufe. So lauten die einander gegenüberstehenden, auch mittels der jeweiligen rituellen Gestaltung zum Ausdruck kommenden Grundüberzeugungen: 1. Das göttliche Heil vermittelt sich wesentlich durch die beim (Kindertauf-)Ritus zum Einsatz kommenden Elemente (Katholiken). 2. Das Heil bei der (Kinder-)Taufe gelangt allein als ein voraussetzungsloses göttliches Geschenk zur Wirkung und bedarf der traditionell als heilsvermittelnd eingeschätzten Elemente nicht (Lutheraner). 3. Das Heil der Taufe eröffnet sich allein dem hörenden und persönlich bekennenden Täufling (Täufer).

2. Das Verstehen der Heiligen Schrift[397]

In Anknüpfung an andere Reformatoren bezeichnet Bernhard Rothmann die Heilige Schrift als einen Schrein, der sich allein mit Hilfe eines passenden Schlüssels öffnen lasse. Ohne hier der Herkunft der bildhaften ‚Schlüssel-Rede' tieferhin nachzugehen[398], ist festzuhalten, dass der führende Theologe unter den Täufern in Münster eine vom Glauben erfüllte, von der (Erwachsenen-)Taufe bezeichnete und von der christlichen Ethik geprägte Lebensweise als grundlegend für das Verstehen der Heiligen Schrift ansieht[399]. Schärfer noch gibt sich Bernhard Rothmann 1534 davon überzeugt, dass kein Mensch die Heilige Schrift verstehen könne, der sich der Weltanschauung der münsterischen Täufer entziehe. So sieht er die Heiden oder die Türken, die Altgläubigen oder die Lutheraner allesamt ihrer Verdammnis entgegengehen.

Angesichts der für das Täuferreich bislang noch kaum rekonstruierten Weise der Schriftauslegung[400] stellt sich aus entwicklungsgeschichtlicher Perspektive erstens die Frage nach der für die Schriftinterpretation leitenden Hermeneutik, zweitens die Frage nach der Wertigkeit einzelner biblischer Schriften und drittens das Problem, wem angesichts miteinander konkurrierender Auslegungen eine Art heiliger Autorität für die maßgebliche Interpretation der Heiligen Schrift zukam. Diese Vergewisserung ist von umso größerer Bedeutung, da sich der Eingang einer heiligen Schrift in den alt- und in den neutestamentlichen Kanon auf beinahe ‚demokratische' Weise daran entschieden hatte, wie häufig sie in den christlichen Gemeinden während der ersten zwei Jahrhunderte rezipiert worden war[401].

a. Schriftauslegung unter den münsterischen Täufern

Grundlegend hält Bernhard Rothmann die Unterscheidung für notwendig, wo die Heilige Schrift wörtlich und wo sie bildlich verstanden werden will; denn das sei es, was der Apostel (2 Tim 2,15) ins Wort bringe, wenn er davon spreche, die Schrift „recht einzuschneiden" oder sie „richtig zu entzweien und zu teilen"[402]. So sollte ihm zufolge die Realität Israels figürlich ausgelegt werden, also das Beschneidungsgebot, der Exodus oder der Tempelbau; jedoch seien die Inhalte, die im Alten Testament auf den zukünftigen Messias hinwiesen, in der Zeit des Neuen Bundes real zu erwarten, näherhin ein König der Gerechtigkeit, die Ausrottung der Gottlosen oder das Reich des Friedens[403].

Die angesprochene Weise der ‚wörtlich-realen' Auslegung alttestamentlicher Vorgaben mit Blick auf Christus und seine Wiederkunft war höchst einflussreich für das Selbstverständnis der münsterischen Täufer als Heiliges Israel. So sah man den Termin der beginnenden Restitution Christi als göttlich vorherbestimmten heiligen Zeitpunkt mit dem Jahr 1534 zusammenfallen, indem man die Vorgabe ernst nahm, dass alle Wirklichkeit der Christen im Alten Testament vorgegeben sei. Unter diesem Vorzeichen gelangte man zu folgender Zeitrechnung, die freilich mit anderen präzisen Vorhersagen des Weltenendes durch andere religiöse Gruppierungen konkurrierte[404]: Als Referenzzahl dienten die dreieinhalb Jahre, die Elija als Strafe für die Sünde Israels erwirkt hatte, nachdem sich Gottes auserwähltes Volk den falschen Propheten angeschlossen hatte. Diese dreieinhalb Jahre sah Bernhard Rothmann in der 70-jährigen Gefangenschaft Israels durch Babylon um den Faktor 20 vermehrt (1 Kön 17–18; Jer 25)[405]. Ausgehend von der 70-jährigen Gefangenschaft Israels, glaubte er analog die babylonische Gefangenschaft der Christen wiederum um den Faktor 20 auf 1400 Jahre vermehrt; die Zahl von 1400 Jahren erklärt sich aus dem durch ihn um 100 n. Chr. angesetzten Abfall von der urchristlichen Idealität. Um auf das Ende der christlichen Gefangenschaft im Jahre 1534 zu gelangen, musste man die 33 Lebensjahre Jesu, die folgende 100-jährige urkirchliche Idealität und die 1400 Jahre christlichen Abfalls zusammenrechnen[406].

Nicht zuletzt lässt sich die aus Bernhard Rothmanns Sicht auf reale Erfüllung im Neuen Bund hin angelegte Botschaft der Propheten anhand der „Stiftshütte“ erläutern. Bekanntlich sah man sie als Eigentum des von den münsterischen Täufern als Ur-Prophet verehrten Mose an. Gemäß biblischer Tradition war dieses Zelt ein Teil des am Sinai errichteten Wanderheiligtums. Es bildete mit dem Altar dessen Zentrum und barg die Bundeslade. Auf Martin Luther geht die geläufige Übersetzung des „Zeltes“ (Vulgata: *tabernaculum testimonii)* durch den Terminus „Stiftshütte“ zurück – übrigens in Anlehnung an die mittelalterlichen „Stiftskirchen“[407]. Entsprechend sah Martin Luther die Stiftskirchen nicht länger vorrangig als heilige Orte der eucharistischen Gegenwart mit dem traditionellen Zentrum des Sakramentshäuschens und dem darin eingebauten *tabernaculum* zur Aufbewahrung und Verehrung der Eucharistie[408], sondern – in Anknüpfung an den ursprünglich-biblischen Sinn der Stiftshütte (Ex 33,7ff.; 40,34ff.) – vor allem als heilige Orte der göttlichen Wortoffenbarung. Im Unterschied dazu interpretiert Bernhard Rothmann die Stiftshütte als einen in seiner Heiligkeit abgestuften „Zeitenraum", um einen durch Friedrich Ohly anderweitig geprägten Ausdruck zu übernehmen[409].

Genauerhin sieht der Täufertheologe die Stiftshütte räumlich dreifach unterteilt in „Vorhof", „Heiligtum" und „Allerheiligstes", eben in Entsprechung zu einer die gesamte Christenheit betreffenden dreifachen heilsgeschichtlich-zeitlichen Differenzierung vom Profanen zum Sakralen: Mit der Fußwaschung im „Vorhof" der Stiftshütte korrespondiert die Reinigung der Welt durch die Sintflut. Das Räucherwerk am Eingang zum „Heiligtum" ist zu parallelisieren mit dem Feuer, durch das die Welt geprüft wird. Diese zweite Welt des „Heiligtums" – gewissermaßen unsere irdische Welt – wird übergehen in ein dem „Allerheiligsten" entsprechendes Reich des Friedens, genauerhin in einen „nyge hemmel vnde erden, dar de gerechticheit ynne wonnen sal"[410].

In einer weiteren Parallelisierung übersetzt Bernhard Rothmann den „Zeitenraum" der Stiftshütte hin auf das individuelle Leben eines Christen. So parallelisiert er den „Vorhof" der Stiftshütte mit der individuellen Hinwendung zum gehörten und geglaubten Gotteswort sowie dem ‚Eingetauftwerden' in den Leib Christi. Alsdann tritt man mittels der Bekräftigung des Taufglaubens durch Tat und Wahrheit als „huysgenote Gades" in das „Heiligtum" ein[411]. Im Bereich des „Heiligtums" dürfe der Christ weder entsprechend den Altgläubigen allein auf die Werke vertrauen noch entsprechend den Lutheranern auf einen Glauben ohne Werke, sondern vielmehr auf Werke aus dem Glauben, um „Cristo [in seiner Heiligkeit] gleichfermig“[412] zu werden, wie Bernhard Rothmann unterstreicht. Schließlich könne ohne die Prüfung im Heiligtum niemand in das „Allerheiligste“ eingehen[413].

Im Rahmen einer neuerlichen Variation parallelisiert Bernhard Rothmann die Topographie der Stiftshütte mit Jesu Selbstcharakterisierung (Joh 14,6): „Ick bin de wech, de warheit vnd dat leuen.“[414] So entspreche der „Weg“ als Hören des Evangeliums und Einwilligung in die Taufe dem Aufenthalt im „Vorhof“ der Stiftshütte[415]. Alsdann folge unter dem Wort „‚Ick byn de warheit‘“ für den Getauften das Leben in der Taufbewährung. Diese Phase des christlichen Lebens zeichne sich vor allem dadurch aus, dass der Mensch von Gott geheiligt werde und sich der menschliche Glaube in konkreten Taten erweisen möge. In dem „Heiligtum“ der Stiftshütte müsse sich der Mensch als *tabernaculum* bewähren, nämlich – in Wort und rechtem Bekenntnis – als Christusträger. Wer hingegen ohne persönliche Zustimmung zum Glauben getauft worden sei, bekomme weder Zugang zum „Vorhof“ noch zum „Heiligtum“, könne eben überhaupt nicht in Christus eingehen, wie Bernhard Rothmann gegenüber den Altgläubigen und den Lutheranern mahnend hervorhebt[416]. Erst wer sich in „Vorhof“ und „Heiligtum“ bewährt habe, dürfe darauf hoffen, dereinst auch in das „Allerheiligste“ als das Ewige Leben eingelassen zu werden[417].

In einer letzten Variation erläutert Bernhard Rothmann den göttlichen Sohn Jesus Christus als den „Tabernakel“, in welchem die Gottheit wohne: in den man als erstes nach dem Bekenntnis zu Tod und Auferstehung hineingetauft werde, in dem man sich zweitens wahrhaftig und wirkkräftig bewähren müsse, um schließlich drittens im Ewigen Leben ganz in ihm aufzugehen[418].

Kurzum: Ebenso wie von Seiten der münsterischen Täufer bereits die heilige Exklusivität der Erwachsenentaufe einen grundlegenden Bruch mit der Tradition bedeutete, kommt auch ihr Grundgedanke, dass allein die Erwachsenentaufe den persönlichen Zugang zur Heiligen Schrift und zu deren Mittelpunkt Jesus Christus ermögliche, einem Traditionsbruch gleich. Freilich greifen die Täufer für diesen Neuansatz, in dessen Rahmen alttestamentliche Inhalte, die sich auf den erwarteten Messias beziehen, ‚literal-real' aufgefasst werden, auf die Propheten und Apostel als Gewährsleute zurück – von ihnen als überzeugend herausgestellte Beispiele für ein Gott zugeneigtes Glaubensleben aus freier persönlicher Entscheidung.

b. Täuferische Hochschätzung von Psalter und Prophetenliteratur

Zu den Schrifttexten, die unter den münsterischen Täufern offenbar häufig beigezogen wurden, weil man ihnen ein besonderes Maß an heiliger Autorität zusprach, gehören die Psalmen und die Prophetenbücher. Anhand der ins Deutsche übersetzten Psalmen lernten die Kinder das Lesen und das Schreiben; die deutschen Psalmen fanden bei den Gebetstreffen der Täufer Berücksichtigung; die Psalmen – darauf ist noch zurückzukommen – wurden von kleinen Kindern anlässlich herausragender Ereignisse in deutscher Sprache gesungen[419].

Insgesamt fügte sich der Umgang der Täufer mit den Psalmen in die spätmittelalterlich verbreitete Handhabung des Psalters ein; denn sowohl unter den Altgläubigen als auch unter den Täufern war der Psalter einerseits heilig-ritueller Leittext, den die Frommen sowohl in der persönlichen Frömmigkeit wie in der gemeinschaftlich-vollzogenen Liturgie rezitierten. Andererseits fand er – man denke an die Schulmeister – Kommentatoren, wurde gedeutet und als Modell für die christliche Vertiefung der Lebenspraxis ausgewertet. Immerhin vertrat der Psalter gemäß mittelalterlichem Verständnis in verknappter Form das Evangelium, überdies die Heilige Schrift sowie das gesamte mit dem christlichen Glauben verbundene Sakralwissen. Noch Martin Luther hat diese Auffassung des Psalters als eine Summe des Gotteswortes geteilt[420]. Somit lässt sich hinsichtlich der Voraussetzungen, an die die münsterischen Täufer bei ihrem Umgang mit dem Psalter anknüpfen konnten, resümieren: Die wichtige Rolle des Psalters im täuferischen Leben Münsters ließ ihn zu einer heiligen oder besser: heiligenden Summe des rechten Handelns werden.

Bemerkenswerterweise räumte Bernhard Rothmann über den Psalter hinaus den Propheten und Aposteln eine Sonderstellung ein, und zwar sowohl ihren Schriften als auch ihrer Art und Weise, den Blick für das Kommen des Himmelreiches offenzuhalten[421]. Anstatt dass sich – so beklagt Bernhard Rothmann rückblickend – die Christen seit dem 2. Jahrhundert allerdings in bewährter Weise an den weisheitlichen und an den prophetischen Texten sowie an den Apostelbriefen orientiert hätten, wäre der Abfall von dieser urgemeindlich-religiösen, ethischen und literarischen Höhe zunehmend durch das Wirken gelehrter Theologen eingetreten. Zuerst innerhalb des altgläubigen, später dann im Rahmen des neugläubigen Heiligungskonzeptes, hätte man sich von der weisheitlichen Kraft und dem prophetischen Zeugnis der biblischen Literatur abgewendet, um stattdessen auf menschliche Weisheit zu vertrauen[422].

Unter allen biblischen Autoren schreibt Bernhard Rothmann den Propheten eine in ihrem unmittelbaren Gotteskontakt begründete Sonderrolle zu: Als einfache Menschen hätten sie sich von Gott berufen und in Dienst nehmen lassen[423]. Zuvörderst sei es ihnen darum gegangen, das Wort Gottes zu verbreiten, und jeder von ihnen hätte „ethlike hundert valsche Propheten vpgeholden“[424]. – In der Spur der Propheten und als die ideal-heiligen Nachfolger Christi charakterisiert Bernhard Rothmann die Apostel. Diese „vnwetende, arme, simpele, vngelerde vysscher“ hätten die göttliche Weisheit verstanden und deren glaubwürdige Vermittlung geleistet.

3. Die autorisierten ‚Ausleger‘ der Heiligen Schrift

Aus entwicklungsgeschichtlicher Perspektive zeichnet sich die Buchreligion Christentum von Anfang an einerseits durch eine Aufmerksamkeit zugunsten der Bildung aus, wenn beispielsweise die Christen seit frühmittelalterlicher Zeit vielen Völkern die Schriftlichkeit und die damit verbundenen Kulturtechniken brachten. Andererseits findet sich im Christentum seit jeher zugleich eine gegenläufige Tradition wertgeschätzt, derzufolge Gott sein Heil besonders denen offenbart, die von weltlicher Bildung unberührt sind: Kindern, Schwachen, Ungebildeten (Lk 10,21; Mt 11,25)[425]. Innerhalb dieses Spannungsfeldes stand Bernhard Rothmann aufgrund seiner eigenen wissenschaftlichen Ausbildung einerseits auf der Seite der Gelehrten; andererseits propagierte er im Zuge seiner zunehmenden Hinkehr zum Täufertum die Auffassung, dass Gott eine besondere Vorliebe für die theologisch-universitär Ungebildeten hege und diesen seine heiligen Pläne mit dem Täuferreich von Münster in Träumen und Visionen zugänglich mache. Angesichts der damals unter den münsterischen Täufern fälligen Entscheidung, wer innerhalb des Täuferreiches die Autorität der Schriftauslegung beanspruchen durfte, war diese Option zugunsten der theologisch Ungebildeten von traditionssprengender Prägekraft, wie eine historische Vergewisserung in Erinnerung zu rufen vermag.

a. Katholiken und Lutheraner

In Übereinstimmung mit den übrigen Reformatoren setzten sich die Täufer von den Katholiken ab, die die Welt in eine weltliche und eine heilige Sphäre einteilten: „Die sakrale Macht der altgläubigen Priester beruhte auf der Spaltung der damaligen Wirklichkeit in einen sakralen und einen profanen Bereich, die jedoch sakramentalisch verbunden worden waren. Die katholischen Priester beanspruchten die Fähigkeit, die Kraft des Sakralen zu lenken und zu kanalisieren und die profane Welt dadurch in Ordnung zu bringen."[426] In dieses Vermögen sah man auch die Schriftauslegung einbezogen, zumal sie sich keineswegs auf die Predigt beschränkte, sondern auch in der Spendung der Sakramente und der Verrichtung von Segenshandlungen zur Wirkung kam.

Nicht zuletzt brachen die Täufer, darunter auch die Täufer von Münster, hinsichtlich der Schriftauslegung mit den Lutheranern. Derlei kann kaum überraschen, wenn man der von Bob Scribner vorgelegten umfassenden Charakterisierung des neugläubigen Amtsverständnisses folgt: „Die Reformation hob die sakramentalische Macht der Priester auf, da sie sie als ‚abergläubisch' betrachtete, d. h. sie bedeutete einen gotteslästerlichen Versuch der Menschen, mit der Macht Gottes umzugehen. Nur Gott selbst oder sein schaffendes Wort konnte die Welt in dieser Weise ordnen. Dabei aber hatte der Protestantismus nur die sakramentalische Funktion der Priesterschaft verleugnet, nicht aber die radikale Spaltung der Wirklichkeit in zwei Bereiche. Übernatürliche Kräfte konnten immer noch in das menschliche Leben einbrechen und materielle und geistige Unordnung schaffen."[427] Wie nun suchte Martin Luther dieses Dilemma zu lösen? Er mahnte, „auf die Vorsehung Gottes und sein Wort zu vertrauen, vor allem wie dies in der Bibel zu finden war. Aber infolge der protestantischen Ablehnung einer unmittelbaren Bibelauslegung durch das Volk selbst" – so schränkt Scribner ein – „fiel diese Aufgabe wieder der neuen Geistlichkeit zu, die als Diener des Gotteswortes versuchte, autoritativ mit der Spaltung der Wirklichkeit fertig zu werden."[428]

Tatsächlich bedeutete Martin Luthers Grundüberzeugung vom allgemeinen Priestertum aller Getauften einen radikalen Einschnitt[429]. Unter Rückbezug auf das Neue Testament und in Relativierung der kirchlich-altgläubigen Hierarchie suchte er das in der Taufe begründete Priestertum aller Gläubigen zu stärken, um so den Blick auf das alle Christen Verbindende zu lenken[430]. Doch insofern diese Aufwertung der Taufe die Einteilung der Welt in ‚heilig' und ‚profan' nicht außer Kraft setzte, mag man zwar den „gemeinen Mann" als „Patron der Reformation" würdigen[431]; doch führte das Allgemeine Priestertum eben nicht zu einer jedem Getauften zugestandenen öffentlichen Auslegung der Heiligen Schrift[432]. Selbst wenn man zustimmt, dass „jeder Christ ein Priester ist" und man mit Martin Luther die „Taufe als ‚Priesterweihe' und ‚priesterliche Geburt'" versteht[433], so ist damit die beibehaltene Unterteilung der Welt in ‚heilig' und ‚profan' unterstrichen, keinesfalls aber eine Erlaubnis zur öffentlichen Predigt dessen gegeben, was ein getaufter Christ aufgrund des ihm zugestandenen unmittelbaren Zugangs zur Heiligen Schrift erkannt hat.

Für die Stadt Münster lassen sich die angestellten Klärungen dahingehend konkretisieren, dass bis zum Beginn der Reformation in Münster die altgläubigen Priester diejenigen waren, denen der Bischof die Aufgabe der öffentlichen Predigt übertragen hatte. Mit der Ankunft der Prädikanten 1532 veränderte sich diese Ausgangslage grundsätzlich: Denn erstens waren sie vom Rat – und zwar gegen das ausdrückliche bischöfliche Votum – zur Predigt beauftragt; und zweitens leitete sich ihr ‚amtliches' Tun entsprechend lutherischem Selbstverständnis nicht von der Feier des Abendmahles, sondern von dem an sie ergangenen Predigtauftrag her. Bereits in dieser früh-reformatorischen Phase muss Rothmanns gegen Martin Luther gerichtete und in die täuferische Entwicklung Münsters führende Überzeugung beachtet werden, dass ein Glaube ohne Werke tot sei[434]. Eben dieser Kerngedanke brachte ihn schließlich zu der Überzeugung, dass gleichermaßen der Glaube, der Empfang der Taufe sowie ein christliches Leben im Dienste der Nächstenliebe gewährleistet sein müssten, um als Christ zu gelten, der grundsätzlich das Predigtamt ausüben und hinsichtlich umstrittener Inhalte der Heiligen Schrift mitentscheiden kann. Freilich blieb zunächst noch unklar, in welcher Weise sich die Auslegungskompetenz der Prädikanten und diejenige der übrigen zum Protestantismus übergewechselten Christen voneinander unterschieden.

Aus entwicklungsgeschichtlicher Perspektive weist Ralf Klötzer auf das sich damals abzeichnende theologische Dilemma hin: „Während er [Rothmann] damals [1532] allen Laien Kompetenz in geistlichen Dingen zusprach, erkennt er inzwischen [Mitte 1533] an, dass vielen die Erkenntnis Christi offenbar verborgen geblieben ist. Diese Menschen verfügen über keine Kompetenz in geistlichen Dingen."[435]

Insgesamt erbrachte die Konzentration der Schriftauslegung in den Händen einiger eigens dafür Beauftragter weder in Münster noch anderswo eine Einheitlichkeit im reformatorischen Schriftverständnis. Im Gegenteil: Die Frage nach der Wertigkeit des Alten gegenüber dem Neuen Testament, das Mühen um die Zuordnung von geistlichem Amt und weltlicher Herrschaft, das Ringen um die Kompetenzen der Theologen gegenüber den Nicht-Studierten, das Tauziehen um das rechte Verhältnis zwischen dem gläubigen Vertrauen und den guten Werken oder die Auseinandersetzungen um das rechte Verständnis der Sakramente führten zu einer großen Zerklüftung innerhalb des von Martin Luther angestoßenen neugläubigen Aufbruchs sowie zu einer weiteren Ausdifferenzierung innerhalb des lutherischen Heiligungskonzeptes.

b. Münsters Täufertum als Abkehr von einem ‚doppelten Klerikalismus'

Nachdem die Geistlichkeit innerhalb des lutherischen Heiligungskonzeptes „fast mit der gleichen Macht wie die alte ausgerüstet" war[436], stellte sich für die Täufer umso nachdrücklicher die Frage, welche Menschen ihnen als autorisierte Verkündiger der Heiligen Schrift galten.

Seit 1534 versuchte man in Münster die unklaren Kompetenzen der ‚Laien' im Vergleich zu denjenigen der Prädikanten durch die Einführung der Erwachsenentaufe zu vereindeutigen; allein die Erwachsenentaufe galt als Zeichen der Christwerdung. Aus dieser theologischen Sachlage ergaben sich zwei Konsequenzen: Zum einen erübrigte sich für die Täufer die Fortführung der Debatte mit Altgläubigen und Lutheranern um den rechten Glauben; denn ohne die Übernahme der Erwachsenentaufe galten sie den Täufern als abseits des Heilsweges, mochten ihre theologischen Argumente in Einzelaspekten noch so klug ausfallen. Zum anderen hätte die Erwachsenentaufe als Voraussetzung für die Gott wohlgefällige Schriftauslegung dazu führen können, dass fortan alle münsterischen Täufer gleichermaßen für die rechte Interpretation der Heiligen Schrift verantwortlich waren und gehört wurden. Wie oben bereits angesprochen, errichteten die Täufer tatsächlich Schulen, um die Jungen und Mädchen frühzeitig auf den Empfang der Erwachsenentaufe vorzubereiten[437].

Freilich blieb auch im täuferischen Münster die Gleichheit unter den im Erwachsenenalter getauften Christen nicht gewahrt. Zum einen wirkten Prädikanten in den Gemeinden, die zuvor zum Täufertum übergetreten waren, darunter ehemalige „papen und moeneken", aber auch „ander burger" holländischer und friesischer Herkunft[438]. Man wird den Einfluss dieser Prediger hoch zu veranschlagen haben, denn allmorgendlich hielten sie – wie bereits gesagt – die Predigt in dem zu einer jeden Gemeinde gehörigen Versammlungs-„huiss"[439]. Zum zweiten ist festzuhalten, dass bald schon vor allem jene Christen die wichtigen Entscheidungen trafen, die man als Propheten ansah. Diese prophetisch bestimmte Alltagsgestaltung setzte sich durch, obgleich die Orientierung der münsterischen Täufer an ihren Propheten, die gewiss „einem tiefverwurzelten Bedürfnis nach sicherer Führung durch göttliche Autorität" entsprach[440], nicht ohne Risiko war; denn beweisen bzw. nachprüfen ließ sich eine derartige göttliche Auszeichnung weder von dem damit Beschenkten noch von der ihn umgebenden Gemeinde.

Rückblickend ist festzuhalten: Nachdem man im protestantischen Münster die Vollmacht der Schriftauslegung vom Bischof und seinen Priestern zwar theoretisch auf alle Gläubigen ausgeweitet, praktisch allerdings lediglich auf einige eigens bestellte Prädikanten verlagert hatte, galten unter den Täufern in Münster ursprünglich wohl alle im Erwachsenenalter Getauften und entsprechend der christlichen Lehre lebenden Menschen, alsbald jedoch lediglich die Propheten als diejenigen, denen aufgrund ihrer besonderen Gottunmittelbarkeit die höchste Fähigkeit für eine Gott wohlgefällige Auslegung der heiligen Schriften zugesprochen wurde.

4. Die Gemeinde der Täufer – Eine Schar heiliger Asketen?

Es hat eine lebhafte und lang anhaltende Diskussion darüber gegeben, von welchen Einflüssen die täuferischen Bewegungen bestimmt waren. Henning Graf von Reventlow gibt mit Blick auf die Zürcher Täufer den bemerkenswerten Hinweis, dass die Täufer in ihrer Haltung „von denen am schärfsten bestimmt waren, die sie am schärfsten bekämpften: von den Ordensleuten!“[441] Erläuternd führt er aus: „Freilich nicht von den zeitgenössischen Mönchen, deren verweltlichte Lebensführung die Täufer mit Recht kritisierten, sondern von der monastischen Tradition, die eine asketische, auf eine strikte Abkehr von der Welt und die Erfüllung der Gebote Christi gerichtete Frömmigkeit geformt hatte.“[442] Angesichts dieses Plädoyers lässt sich hinsichtlich der münsterischen Täufergemeinde fragen, inwieweit man alltagskonkret auf asketisch-monastische Traditionen – unter Beiziehung auch spätmittelalterlich-mystischer Überzeugungen – zurückgriff[443], um sich in einer profanen Welt als heilige Gemeinschaft auf die Wiederkunft des Herrn vorzubereiten. Immerhin vertrat der König Jan van Leiden mit seiner Herrschaft den Anspruch, „dem fleisch und werlt (…) afgestorven“ zu sein[444].

a. Der heilige und der teuflische Weg – Die Zwei-Wege-Lehre

Grundsätzlich bedarf der christliche Lebensweg einer Entschiedenheit des Menschen für das Gute und das Heilige. Auch Bernhard Rothmann greift auf die biblisch fundierte, bildhafte Rede vom Weg zurück. So sieht er mit dem Weg in und durch den „Vorhof" der Stiftshütte die Rede vom engen Weg korrespondieren; der Mensch erlebe den Weg durch den Vorhof als einen Weg durch die Düsternis und Trockenheit, als einen Weg der Entscheidung[445]. Wer diesem schmalen Weg nicht folge und sich stattdessen dem Teufel zukehre, sei es nicht wert, an der Wahrheit und am Leben Jesu Christi Anteil zu erhalten. Viele Christen seien diesen schmalen Weg zum Leben bereits erfolgreich gegangen[446]. Im weiteren Verlauf dieses Weges winke das Leben in der Wahrheit, das man dort mit allen übrigen Heiligen teilen könne[447].

Mit seiner Rede vom schmalen Weg zum Leben knüpft Bernhard Rothmann an das traditionsreiche Zwei-Wege-Schema an, das Jan Bergmann aus religionshistorischer Perspektive treffend als „Scheidewegmotiv" charakterisiert[448]. Auch im Neuen Testament findet sich diese jüdisch verwurzelte Rede von dem breiten und dem schmalen Weg (Mt 7,13–14)[449]: „Geht durch das enge Tor! Denn das Tor zum Verderben ist breit und ebenso der Weg dorthin! Viele Menschen gehen ihn. Aber das Tor, das zum Leben führt, ist eng, und der Weg dorthin ist schmal. Deshalb finden ihn nur wenige."

In altkirchlicher Zeit war die Zwei-Wege-Lehre ein beliebtes Thema in den Taufkatechismen[450]. Umso näher liegt die Taufkatechese als ursprüngliches Einsatzfeld der Zwei-Wege-Lehre, da dieses Motiv der Entscheidung zwischen dem Guten und dem Bösen sowohl aus dem Alten Testament (Dtn 11,26; Dtn 30,9; Ps 1,6;

Jer 21,8) bekannt[451] als auch im antik-paganen Bereich verbreitet und beliebt war[452].

Wenn sich in Münster zuerst die Lutheraner, alsdann die Täufer der neutestamentlich belegten Zwei-Wege-Lehre zukehrten, bedeutete dieser Schritt zugleich eine Abkehr von dem Drei-Wege-Schema, welches mit dem Aufkommen des Mönchtums im 4. Jahrhundert seinen Einzug in das Christentum gehalten hatte: Von den drei Wegen menschlichen Lebens sah man den ersten direkt ins Verderben führen; auf dem breiten Weg gingen jene, die ihre Taufberufung in der Welt verwirklichten; den schmalen (und als optimal eingestuften) Weg schlügen jene Menschen ein, die das in der Taufe Versprochene in der Klausur des Klosters – oder mindestens als höhere Kleriker im liturgischen Dienst am bischöflichen Heiligtum – in die Tat umzusetzen suchten[453].

Im Unterschied zum Drei-Wege-Schema sieht sowohl die Reformation in Münster als auch die Täufertheologie der Stadt in der Zwei-Wege-Lehre das Urbild des christlichen Entscheidungsweges. Kein Wunder, dass die Täufer – wie zuvor die Lutheraner – die neutestamentlichen Berufungsworte, die über Jahrhunderte hinweg für das Mönchtum und in seinem Gefolge für das Priestertum zentral waren, auf die Wahl des guten Weges im Rahmen der Zwei-Wege-Lehre anwendeten: vor allem die Aufforderung zum Verlassen von Haus und Hof, zur Aufgabe von Hab und Gut[454].

b. Heilige Gütergemeinschaft und soziale Verdrängung der Toten

Aus entwicklungsgeschichtlicher Perspektive waren es über die Urgemeinde hinaus seit jeher vor allem die Klöster, die sich als ‚Inseln der Gütergemeinschaft' verstanden, ohne dass Bernhard Rothmann freilich ausdrücklich auf sie zu sprechen kommt. Diesen Gemeinschaften ging es nicht darum, das Eigentum abzuschaffen, sondern im Sinne sozialer Egalität alle Brüder gleichermaßen daran zu beteiligen. Dieses Kernanliegen findet sich in beinahe allen überlieferten Klosterregeln berücksichtigt[455].

Der Blick auf die Gütergemeinschaft im täuferischen Münster gibt zu erkennen, dass Bernhard Rothmann bereits im Jahre 1533 werbend auf die Gütergemeinschaft in der Urkirche hingewiesen hat. In diesem Zusammenhang stellt er heraus, dass die ersten Bischöfe und ihre Diener, die Diakone, darum bemüht gewesen seien, jedem Christen nach seinen Bedürfnissen zuzuteilen, wohingegen die Bischöfe später angefangen hätten, dieses Gemeinschaftsideal zugunsten des privaten Besitzes aufzuweichen[456]. Vergleicht man die Aussagen von Bernhard Rothmann zur Gütergemeinschaft im Jahr 1533 mit denjenigen von 1534, so wird vor allem offenkundig, dass er zwischenzeitlich aus den Prämissen der Apostelgeschichte (Apg 2,44–45; 4,32.34–35) alltagskonkrete Maßnahmen für die Stadt Münster abgeleitet hatte[457].

Gewiss verschärfte 1534 in Münster das Flüchtlingsproblem den Argwohn gegenüber dem Eigentum. So verließen in jenem Jahr viele Menschen, die die Erwachsenentaufe ablehnten, die Stadt Münster, wohingegen andere, die sich den Täufern anschließen wollten, allerdings kaum Habe mit sich führten, in Münster eintrafen. Erschwerend kam der im Februar 1534 anhebende und 16 Monate währende Belagerungszustand hinzu. So habe man um der Einrichtung urgemeindlicher Zustände willen alle Güter unter der Verwaltung der Diakone gemein gemacht, so dass sie allen Mitgliedern der Gemeinde entsprechend ihrer Bedürftigkeit zugute kämen.

Genauerhin seien eigens für die Neuverteilung der Güter ernannte Diakone mit der Inventarisierung der Vorräte an Lebensmitteln und Kleidung in jedem Haushalt betraut worden. Nahrung und Kleidung, die in der sich zuspitzenden Notlage entbehrlich waren, wurden eingesammelt[458]. Lange vor Beginn der Hungersnot hatte die täuferische Obrigkeit in Münster begonnen, das Brauen und Backen streng zu reglementieren[459]. Eine allgemeine Verköstigung unter Aufsicht der Diakone organisierte man seit Frühjahr 1534 in den sechs Häusern der Kirchspiele; zum Mittagessen besorgte „ein iungh" die Tischlesung, näherhin ein Kapitel aus dem Alten Testament und aus den Propheten[460], als Dankgebet im Anschluss an die Mahlzeit sangen alle einen deutschen Psalm[461]. Freilich wird man dort nicht alle Menschen der Stadt gespeist haben können, sondern lediglich das Wachpersonal sowie diejenigen, die auf den Befestigungsanlagen ihren Dienst versahen.

Noch weiterreichende Maßnahmen habe man veranlasst, die den Eigennutz und den Erwerb von Eigentum unterbinden sollten[462]. So gehörten Kauf und Verkauf, bezahlte Arbeit sowie Renten und Wucher der Vergangenheit an. Kurzum: Jedwede Form des Eigentums und des Eigentumserwerbes galt den Täufern als Ausdruck der Verhaftung im Profanen, wohingegen die Vorbereitung auf das Kommen Christi eines Höchstmaßes an Heiligkeit bedurfte, welches entsprechend urgemeindlichem Vorbild das Mühen um die Gütergemeinschaft umschloss.

Bereits der Erlös, der durch die Abgabe aller Barschaften zusammenkam, sollte einen auch alltagskonkret erkennbaren Sakralisierungseffekt innerhalb von Münster mit sich bringen: So halfen diese Werte – wie gesagt – zum einen, neue Täufer in der Stadt anzusiedeln und zum anderen, die im Juni 1534 in die Stadt übergelaufenen Landsknechte zu verpflegen[463]. Ja, der mit der Abschaffung des Geldes verbundene Rückfall Münsters in eine Naturalwirtschaft, gewissermaßen in eine weltferne geldfreie Sonderzone, sah man unter den Täufern gleichsam als Annäherung an paradiesische Lebensverhältnisse[464].

Dagegen dienten die in der Stadt eingeführten und in der Lambertikirche ausgegebenen ‚Schaumünzen', die die Täufer sichtbar um den Hals trugen, vor allem als gegenseitige Erkennungszeichen[465]. Überdies ist festzuhalten, dass die Text- und Bildgestaltung auf diesen Münzen erstens der innergemeindlichen Erinnerung an das eigene Selbstverständnis diente, zweitens das weltweite Münzrecht des Königs Jan van Leiden als Ausdruck seines global ausgreifenden Herrschaftsanspruchs unterstützte[466], drittens den in Münster vollzogenen Wandel vom Geldhandel zum heilig-tätigen Gottvertrauen ins Wort brachte und viertens im Umland missionierenden Täufern zugleich als heiliger Ausweis und Erkennungszeichen ihrer Herkunft aus Münster diente.

Unklar bleibt in mancherlei Hinsicht die weitere alltagskonkrete Umsetzung der Gütergemeinschaft im täuferischen Münster. So führten die Handwerker der Stadt ihre Produktion zwar fort, doch konnten sie ebenso wenig wie die Kaufleute irgend etwas einkaufen oder verkaufen. Ungewiss ist, wie die Verteilung der Erzeugnisse von Bäckern, Metzgern, Schneidern oder Schmieden genauerhin vor sich ging. Zudem hatte bereits Jan Mathijs im März 1534 veranlasst, alle Schuldscheine, alle Bücher – abgesehen von der Bibel – und alle Besitzurkunden zu verbrennen; Kunde aus der Vergangenheit sollte fortan allein der Heiligen Schrift entnommen werden[467]. Es ist überliefert, dass man die Haustüren in der Stadt nicht länger verschloss und die Tiere lediglich durch ein Gatter in den Türen fernzuhalten suchte[468]. Während die Einheimischen ihre Häuser behalten durften, wurden verlassene Klöster und leerstehende Häuser den Neuankömmlingen zur Verfügung gestellt. Das Erbrecht galt innerhalb der Stadt weiterhin.

Schließlich ist mit Blick auf die Einführung der täuferischen Gütergemeinschaft zu berücksichtigen, dass eine im Rahmen mittelalterlicher Christlichkeit noch bedeutungsvolle, innerhalb des neugläubigen Heiligungskonzeptes jedoch bereits an den Rand gedrängte Gruppe der Bevölkerung von diesem Ideal der Vergemeinschaftung ausgeschlossen blieb: die Verstorbenen[469].

Während sich eine mittelalterliche Stadt als Gemeinschaft der Lebenden und der Toten verstand, lässt sich die Marginalität der Verstorbenen in der Frömmigkeit sowohl der Lutheraner als auch der Täufer in Münster immerhin indirekt erschließen. Genauer: Nachdem im Mittelalter die Lebenden sowohl den Heiligen als auch den heiligen Gemeinschaften Almosen dargebracht hatten, um im Gegenzug deren Gebete und Fürsprache zugunsten der Verstorbenen zu sichern, war die Gabe von Almosen an die Heiligen und an die Kleriker in Münster spätestens seit dem Vertrag mit dem Bischof (Februar 1533) zumindest in den Pfarrkirchen untersagt. Dagegen blieb das altgläubige Christentum in den Klosterkirchen, den Kollegiatstiften und im Dom vorerst maßgeblich, so dass die Gläubigen an diesen Orten ihrem Mühen um das Heil der Toten mittels Almosen weiterhin nachkommen konnten. Damit hielt man an diesen Sakralorten zugleich an der jahrhundertealten „Vorstellung der aktiven Toten“ fest[470], derzufolge „die Toten sich dankbar erweisen durch aktive Hilfe in weltlichen Angelegenheiten ihrer Wohltäter und Wohltäterinnen“[471].

Tatsächlich bedeutete die beschriebene Erweiterung des vorherrschenden Interzessio-Modells, dass sich über die großen Heiligen und die hochgeschätzten Märtyrer hinaus auch gewöhnliche tote Laien als Fürsprecher der Lebenden erweisen konnten: „Mit der gegenseitigen heilswirksamen Hilfeleistung lebender und verstorbener Laien wurden die traditionellen Fürsprecher nicht überflüssig, bekamen aber Konkurrenz."[472] Freilich geriet dieser egalisierende Zug, der innerhalb des römisch geprägten Christentums die Lebenden und die Verstorbenen verband, in dem Maße in den Hintergrund, wie sich – auch in Münster – zuerst die Lutheraner und dann die Täufer von dem Programm einer Heilsökonomie abwandten, welche auf dem Austausch von Gaben zwischen dem Diesseits und dem Jenseits beruhte. In der Folge stellte sich eine „Anonymisierung der Toten"[473] ein; die Toten blieben von der (Güter-)Gemeinschaft mit den Lebenden ausgeschlossen.

Nur andeutungsweise sei hier auf die weiteren Konsequenzen hingewiesen, die die „Verdrängung der Toten"[474] aus der (Güter-) Gemeinschaft mit den Lebenden zur Folge hatte: In dem Maße, wie sich die Überzeugung Bahn brach, dass es eine direkte Verbindung der Lebenden und der Toten nicht gab, ja dass die Lehre von einer den Lebenden möglichen Hilfe für die Toten im Fegefeuer – einem vorübergehenden jenseitigen Läuterungsort – nicht schriftgemäß war, wurden die Stiftungen der Lebenden an den Klerus zugunsten ihrer Verstorbenen obsolet: „Der Produktion von neuen sakralen Kunstwerken war damit der Lebensnerv entzogen."[475] Anders gesagt: „Wo die Katholiken parallel zur profanen Wirtschaft für die Lebenden eine sakrale Nebenwirtschaft für die Toten unterhielten, fielen in den protestantischen [und täuferischen] Gebieten alle ökonomischen Erträge dem Diesseits zu."[476] Ja, in dem Maße, wie man – in Münster andeutungsweise erstmals 1525 – dem Klerus seine Mittlerfunktion zwischen Mensch und Gott, Diesseits und Jenseits, Lebenden und Toten bestritt, mussten auch die Zehntleistungen an den Klerus zum Problem werden[477]; denn auch davon versprachen sich die Geber – über den Umweg des priesterlichen Gebetes – einen besonders aussichtsreichen Zugang zu göttlicher Hilfe zugunsten der Lebenden und der Verstorbenen[478]. Der Zehnt, von dem traditionell auch die Armenkasse des Bischofs bestritten wurde, geriet im Rahmen der reichsweiten reformatorischen und täuferischen Wirren – auch in Münster – in die Kritik, weil die Zehntleistung im Neuen Testament keine Rolle spielt[479], diese Abgabe vielmehr auf Gewohnheitsrecht beruhte[480], so dass man die Armen stattdessen zunehmend direkt – also ohne den Umweg über den Klerus – materiell unterstützte[481]. So durften sich schließlich im Täuferreich die Armen in die Gütergemeinschaft einbezogen sehen, wohingegen die altgläubigen Kleriker die Stadt verlassen mussten und die Verstorbenen – wie schon im Rahmen des neugläubigen Heiligungskonzeptes – eine verdrängte Sozialgruppe blieben.

Kurzum: Das Ideal der Gütergemeinschaft – im Jahrtausend zuvor der Ernstfall klösterlichen Lebens – wurde von Bernhard Rothmann seit 1533 zwar in theologischer Hinsicht (unter Ausblendung der Verstorbenen) vertreten, jedoch alltagspraktisch in Münster lediglich ansatzweise verwirklicht: „Nach dem Tod von Jan Mathijs behinderten die Realitäten von Status und Wohlstand die Ideologie und die Organisation der täuferischen Gütergemeinschaft, so dass viele soziale Ungleichheiten und Widersprüche in dem Experiment, die Kirche nach Apg 2 zu restituieren, fortlebten."[482] So ist Hans-Dieter Plümper mit Blick auf die innerstädtischen Realitäten darin zuzustimmen, dass in Münster „eine umfassende Aufhebung der Besitzverhältnisse an Häusern und auch Hausrat nicht stattgefunden hat"[483].

c. Heilige Gemeinschaft im Abendmahl

Das Ideal der heiligen Urgemeinde, in der alle Mitglieder ein Herz und eine Seele sind, stand Bernhard Rothmann in seiner täuferischen Phase auch mit Blick auf das Abendmahl vor Augen. Ein Verständnis des Abendmahles, bei dem es vor allem um das gemeinschaftliche Essen, das Teilen und die allen gleichermaßen zugedachte Speise geht, war für ihn bestimmend: Mehr denn je galt den täuferischen Heiligen die Speise des Abendmahls als ein Zeichen der freiwilligen Gemeinschaft, welche sich aus Gleichen zusammensetzte[484]. Übrigens habe sich, so Bernhard Rothmann, diese Grundüberzeugung auch im Anschluss an die Zeit der Urkirche noch erstaunlich lange durchgehalten[485]. So hätten diese Christen die Weisung der Apostelgeschichte (Apg 2,42) erfüllt, in der Lehre der Apostel, in der Gemeinschaft, im Brotbrechen und im Gebet einmütig zu verharren[486]. Nichts anderes denn diese vier Charakteristika des Abendmahls dürften beanspruchen, „up Gades wort vnd beuel" zu gründen[487]. Unter diesen Voraussetzungen diene das Abendmahl sowohl der Befestigung der heiligen Gemeinschaft zwischen Gott und den Menschen als auch der Kräftigung der Bande unter den Menschen, wie Bernhard Rothmann variantenreich ausführt[488].

Im folgenden sei der Versuch gewagt, den täuferischen Abendmahls-Ritus unter der Ältestenverfassung aufgrund der Überlieferung von Heinrich Gresbeck und der Zusammenfassung von Bernhard Rothmann zu rekonstruieren[489]. Das Abendmahl wurde nach Stadtvierteln getrennt in den Versammlungshäusern vor den Stadttoren gehalten. In der jeweils vorhergegangenen Predigt machte der Prädikant den Termin bekannt und legte es dem Volke nahe, dass sich jeder von Sünden reinige, gegebenenfalls andere um Vergebung bitte und eventuelles Eigentum abgebe[490]. Zur vorgesehenen Zeit versammelte sich die Gemeinde: ein jeder mit bereitetem Herzen, mit Glauben an den Tod Christi sowie in der Gesinnung der Nächstenliebe[491].

Bemerkenswerterweise hatte Bernhard Rothmann es zwar als „papistisch" bezeichnet, dass die Empfänger des Abendmahles zuvor auf ihren Glauben und ihre Lebensführung hin überprüft wurden[492]; gleichwohl scheint eine derartige Überprüfung des Glaubens unter der Ältestenverfassung üblich gewesen zu sein. Näherhin schritten die Prädikanten an der Tafel entlang und befragten jeden Christen dementsprechend[493]. Für den Fall, dass einzelne zum Abendmahl Versammelte den Prädikanten verdächtig vorkamen, wurden auch sie über ihren Glauben genauerhin befragt[494]. Allein wenn dieses Examen nicht zur Zufriedenheit des Prädikanten ausfiel, wurde der betreffende Christ vom Abendmahl ausgeschlossen. So wird von einer Frau berichtet, die bei einem solchen Glaubensexamen vor dem Abendmahl freimütig eingestand, dass sie Maria und die Heiligen verehrte und noch Heiligenbilder in ihrem Hause beherbergte. Die Prädikanten antworteten auf dieses Bekenntnis mit der Zurückweisung der Frau vom Abendmahl[495].

Im Zusammenhang des Abendmahles, das im Oktober 1534 der König mit der Täufergemeinde vor dem geplanten Auszug aus der Stadt feierte, wird der Umgang mit Brot und Wein beschrieben: Kleine runde „koekesken" hätte man „entwe gebrocken"[496]. Wenn es weiter heißt, dass alle beteiligten Gemeindemitglieder zur Speisung mit Brot und Wein zwischen dem König, der Königin und Bernd Knipperdollinck hergegangen seien, deutet dies darauf hin, dass alle sich in Richtung dieser drei Personen begaben und dort Brot und Wein entweder gereicht bekamen oder sich selbst davon nahmen. Die vorhandene Überlieferung bleibt hier undeutlich[497].

Im Unterschied zur Urgemeinde habe sich das Verständnis des Abendmahls seit dem Aufkommen der „papisten" bis einschließlich zu den Lutheranern zweifach verändert: Als erstes habe sich als Ausdruck religiöser Profanierung ein Wandel weg von einem auf heilige Innerlichkeit und Danksagung gerichteten Verständnis hin zu der Frage nach der realen Präsenz Christi in den Gaben von Brot und Wein beim Abendmahl vollzogen. So lehnt Bernhard Rothmann die Option des mittelalterlichen Christentums ab, demzufolge die Gaben von Brot und Wein in den leibhaftigen Christus verwandelt würden[498]. Keinesfalls ginge es an, mit den Altgläubigen aus dem Abendmahl (nachtmail) eine Messe (missen) zu machen, in der man einen Brotgott (broidgodt) anbetet[499]. Nicht tragfähiger sei das lutherische Heiligungskonzept, dem entsprechend man Christus bei der Wandlung „int broit koenne brenghen"; denn mit Worten, so lehre die Heilige Schrift, könne Christus nirgendwo hin denn allein in ein gläubiges Herz gebracht werden[500]. Stattdessen nimmt Bernhard Rothmann die Position ein, derzufolge Leib und Blut Christi ein Hinweis seien auf das, worum es bei der Feier von Sterben und Auferstehen Jesu Christi gehe: um das in Nächstenliebe tätige Leben, das aus der Lebenshingabe Jesu Christi seine Kraft schöpft. Somit könne die Feier des Abendmahles die Gaben von Brot und Wein nicht mit heiliger Präsenz aufladen, sondern vielmehr die heilige Innerlichkeit der Gläubigen stärken[501]. Konsequent sieht Bernhard Rothmann den für den Kommunikanten relevanten ‚Reinheitsgrad' nicht vom Brot und Wein, sondern vom ‚Reinheitsgrad' seines Herzens abhängen[502].

Die zweite Veränderung zwischen der urgemeindlichen Auffassung vom Abendmahl und derjenigen von Altgläubigen und Lutheranern sieht Bernhard Rothmann darin, dass man mit Hilfe dieses Sakramentes unheilvoll begonnen hätte, die kirchliche Hierarchie zu etablieren und zu legitimieren; die heilig-urgemeindliche Gemeinschaft aller Christen sei von einem heilig-klerikalen Expertentum abgelöst worden, das die Gemeinschaft mit den Laien aufgegeben hätte. Ronnie Po-chia Hsia fasst diesen Wandel zusammen: „Für die Katholiken und die Lutheraner deutete die Heiligmachung von Brot und Wein die Vergegenständlichung einer hierarchischen Zwangsbeziehung in gesellschaftlicher Hinsicht an. Nur eine geistliche Elite konnte die heilige Nahrung ‚vorbereiten'; deren Verzehr durch die Laien hing von der Beurteilung ihres Verhaltens und ihrer Einstellungen von eben dieser Geistlichkeit ab."[503]

Kurzum: In der von Bernhard Rothmann unter Rückgriff auf die Alte Kirche favorisierten Auffassung des Abendmahles spiegelt sich im Vergleich zu konkurrierenden Verständnisweisen der Heiligen Messe das seit dem Spätmittelalter neue Bedürfnis nach Verinnerlichung und Spiritualisierung wider. So erweist das Ringen um das rechte Verständnis von Eucharistie bzw. Abendmahl, dass die „Transformation der religiösen Erfahrung von Außen nach Innen eine entscheidende Voraussetzung für die Ereignisgeschichte der Reformation war"[504]. Diente dieser Hinkehr zum eigenen Herzen und zur inneren Erkenntnis als Grundlage der gemeindlichen Abendmahlsgemeinschaft auch die täuferische Ehegesetzgebung von Münster?

d. Heilige Polygamie statt profane Monogamie?

Zu den überraschenden Entwicklungen innerhalb des Täuferreiches zählt bis heute das Eintreten des Königs für die Mehrfrauenehe (Polygamie). Nicht länger sollte das bis dahin akzeptierte Sozialmodell der Ehe zwischen einem Mann und einer Frau gelten;

vielmehr war es Männern fortan erlaubt, gleichzeitig mehrere Ehefrauen zu haben. Diese Maßnahme legitimierten die Täufer zweifach: Erstens sahen sie damit die biblische Vorgabe einer männlichen Herrschaft über jede Frau (Eph 5,22f.) als erfüllt an. Zweitens reagierten sie so auf die beträchtliche Überzahl der Frauen in der Täuferstadt[505].

Einerlei ob man davon ausgeht, dass der Mensch von Natur aus eher polygamen Lebensverhältnissen zuneigt oder sich grundlegend zur Monogamie hingezogen fühlt, war das Ringen der Christen gegen polygame Lebensverhältnisse von ihren Anfängen an ein zentrales sozial-ethisches Anliegen: „Worum es im Sinne der christlichen Eheethik ging, das war die kompromisslose Eliminierung jedweder Mehrfachbindung in Geschlechts- und Lebensgemeinschaften von Mann und Frau."[506] Im Vergleich zu konkurrierenden Auffassungen lässt sich mit Blick auf das okzidentale Mittelalter bilanzieren, dass sich „die Kirche am meisten in ihrem Kampf gegen die Polygamie (im engeren Sinne) und die Legitimität von Kindern aus überzähligen Verhältnissen durchsetzte"[507].

Angesichts der mindestens idealiter unter den Christen stets kompromisslos vertretenen Monogamie muss die alttestamentlich mit den Patriarchen und mit David begründete Einführung der Polygamie in Münster als Bruch mit der gesamten christlichen Tradition gelten. Immerhin hatten sich die Aufständischen in Münster noch 1525 mit der Forderung begnügt, die „Pfaffenweiber", ihrerseits Ausdruck der Missachtung des priesterlichen Zölibates, sollten durch das Tragen von Zeichen offiziell gebrandmarkt werden[508]. Diese Sorge um die Verwirklichung einer biblischen Ethik weitete man im Zuge der Protestantisierung sowie um der Gleichheit unter den Stadtbewohnern willen auf die nicht geweihten Christen aus. So wurden in dem von Bernhard Rothmann stammenden Entwurf einer evangelischen Kirchenverfassung empfindliche Strafen für Ehebruch oder sogar organisierte Hurerei gefordert[509]; in der „Zuchtordnung der Stadt Münster" wurden sie festgeschrieben[510]. Kurzum: Die Reformation sah die Stärkung ehelicher Monogamie als eine ihrer wichtigen Aufgaben an, wie die strengere Beobachtung einer sorgsamen Eheführung überhaupt zu den Folgen der Reformation zählte: „Auch außerhalb Münsters war zur Zeit der Reformation eine allgemeine Tendenz zur stärkeren Kontrolle des Ehestandes und zur Eindämmung des Dirnenwesens festzustellen."[511]

Anfangs verstärkten die münsterischen Täufer den auf Monogamie ausgerichteten ethischen Eherigorismus sogar, wie sich am ehesten an den Strafmaßen für Ehebruch ablesen lässt: Während die „Zuchtordnung" sich in einem solchen Fall mit einer achttägigen Einsperrung im Keller bei Wasser und Brot zufrieden gibt, bestimmte ein Jahr später das Edikt der 12 Ältesten für dieses Vergehen als Höchststrafe die Todesstrafe[512] wie überhaupt jeden Menschen diese Todesstrafe treffen sollte, der hartnäckig wider die Heilige Schrift handelte[513]. Angesichts dieses stadtgeschichtlichen Hintergrundes musste die im Juli 1534 in Münster offenbar unvermittelt erfolgte Einführung der Polygamie Verwunderung, mitunter sogar Bestürzung hervorrufen[514].

Immerhin äußern sich zahlreiche Zeitgenossen ablehnend gegenüber der Polygamie und empfanden sie als Bedrückung[515], wie Heinrich Gresbeck ausführlich dartut: Besonders der Zwang für Frauen, sich einem Mann zu unterstellen, sei als eine schwere Bürde erlebt worden[516]; einige Frauen wurden sogar aufgrund ihrer Weigerung hingerichtet[517]. So unterstellten die Prädikanten jene Frauen, die sich ihrer Verehelichung widersetzten, zwangsweise einem Mann. Selbst wenn sie später auf dem Rathaus eine

Auflösung dieses Bündnisses betreiben konnten, so änderte dies nichts am Zwangscharakter der ursprünglichen Maßnahme. Täuferischerseits erklärte man derartige Vorfälle jeweils als ein Versehen der Prädikanten, von dem – so Gresbeck – 100 Frauen betroffen gewesen sein sollen[518]. Überhaupt war es allein Männern erlaubt, mehrere Frauen zu ehelichen, wohingegen einer Frau die Todesstrafe drohte, wenn sie zwei Männer ehelichte; Gefängnis oder Tod standen bei jedweder Auflehnung einer Ehefrau gegenüber ihrem Ehemann zu befürchten[519]. Damit ist es vor allem der Zwangscharakter der Ehe für die Frau, verbunden mit ihrer in der Vielehe maßgeblichen Unterordnung unter den Mann, mit dem die Täufer von der christlichen Tradition des Mittelalters abwichen[520].

5. Das Heilige in den Elementen oder in der Erinnerung?

Scharfe Kritik übte Bernhard Rothmann sowohl als Anhänger des lutherischen als auch später – in Übereinstimmung mit Huldrych Zwingli – als Repräsentant des täuferischen Sakralisierungskonzeptes an den rituellen Ausdrucksformen der altgläubigen Frömmigkeit. In Übereinstimmung mit Huldrych Zwinglis Überzeugung, dass beim Sakramentenempfang allein „der innerliche Vorgang von Verstehen und Glaube“ von Bedeutung sei[521], verweist Bernhard Rothmann in seinem „Bekenntnis von beiden Sakramenten“ (November 1533) zur Rechtfertigung seiner Geringschätzung heiliger „Elemente“ bei gleichzeitiger Hochschätzung des inneren Mitvollzugs der Sakramente auf das Beispiel des Apostels Paulus und der anderen Apostel[522].

Während in der Alten Kirche noch jene ursprüngliche Auffassung der Feier dominiert hatte, die größten Wert darauf legte, dass der Sakramenten- bzw. Segensspender und der Empfänger dialogisch miteinander vereint sind, wandten die Menschen des (Früh-)Mittelalters ihren Blick auf die bei der Spendung von Sakramenten und Segnungen benutzten Substrate und wertschätzten diese „als beliebte Segensträger“[523]. Über das Weihwasser sowie Wein und Brot hinaus zählten dazu Öl oder Wachs, Kräuter oder Kerzen, gesegnete Nahrungsmittel oder Heilszeichen (Kreuze, Heiligenbildchen etc.). In der Konsequenz leitete man seit frühmittelalterlicher Zeit einerseits den Wert eines Sakramentes oder eines „do-it-yourself-Ritus“[524] (Bekreuzigung mit Weihwasser, Besprengung des Grabes mit Weihwasser etc.) mehr und mehr von der heilshaltigen Materie ab, die im Mittelpunkt der heiligen Handlung stand; zum anderen konzentrierte sich die liturgische Handlung wie nie zuvor auf die Konsekration der Materie: „Die Taufe ist Austeilung des heiligen Wassers, die Firmung Austeilung des heiligen Öles und die Eucharistie Austeilung des heiligen Leibes und Blutes“, wie Arnold Angenendt die hintergründige Leitidee bündelt[525]. In der Konsequenz dieses Sakramenten- bzw. Segensverständnisses konnten sogar alle Lebewesen und Gegenstände durch den Heiligen mit heilig-göttlicher Kraft ‚aufgeladen‘ werden, ohne dass von Seiten der ‚Empfänger‘ zuvor ethisch-religiöse Vorbedingungen erfüllt werden mussten[526].

Nachdem Bernhard Rothmann seine Ablehnung der ‚Heilselemente‘ (Glocken, Salz, Öl etc.) bereits 1532 in seiner Auflistung der 16 Missbräuche der Kirche gegenüber der Stadt Münster vorgetragen hatte, entluden sich die Aggressionen der Täufer in Münster gegen die beschriebenen Ausdrucksformen einer „Sachgedächtnis“-Frömmigkeit während der Jahre 1533/1534 mit weit größerer Härte. Über die Ablehnung der klerikalen Mittlerschaft und die Zurückweisung der himmlischen Interzessio hinaus führte sie in der Konsequenz zur zeichenhaften Beschädigung oder völligen Zerstörung all jener Ausdrucksformen, die mit dieser vermittelten Heilsperspektive zusammenhingen[527].

6. Bildersturm der Entheiligung

Im Übergang Münsters vom altgläubigen über das lutherische hin zum täuferischen Sakralisierungskonzept traf die Bilder strukturell der gleiche Gedächtnisverlust wie die rituellen Handlungen (Taufe, Abendmahl, Segnungen). Schon für Martin Luther lässt sich rückblickend festhalten: „Das Bild lehrte, eine Begegnung stiftete es nicht mehr. Die ‚Ikone des Wortes' tritt nun an die Stelle des Bildes als einer Reliquie. Das Reich Gottes war nach Martin Luther eben ein ‚Hör-Reich und kein Seh-Reich'."[528] Die Konsequenzen dieser sich seit dem 14. Jahrhundert anbahnenden Umwertung der Bilder waren grundlegend; denn „für die Bilder bedeutete dies, dass sie, je weniger ihnen eine eigenständige religiöse Virtus [Kraft] zugesprochen wurde, alsbald autonom wurden und die Kunst ihren Status als eigentlich religiöses Phänomen verlor"[529]. In Fortschreibung dieser veränderten Bedeutung der Bilder bargen diese für die Lutheraner und Täufer kein Gottesgedächtnis mehr. Stattdessen sollten die Bilder den einzelnen an etwas erinnern, das in der Vergangenheit stattgefunden hatte. So mutet es aus der Perspektive der Täufer konsequent an, die altgläubigen Kleriker als die traditionellen ‚Bilderdiener' ihrer Aufgaben zu entsetzen und die von ihnen präsidierten Liturgien abzuschaffen[530], überdies den städtischen Rat aufzulösen und den für die Stadtgeschichte aussagekräftigen Urkundenbestand zu verbrennen[531], um so auch die „erlebten

Bilder“ der alten Ordnung zu eliminieren[532] und darüber hinaus die Kirchen sowie deren von den Altgläubigen noch als heilig eingeschätzten Bewohner mitsamt der ‚heiligen Habe‘ zu verstoßen.

Seit 1534 dienten die Kirchen in Münster als „steinkulen“, unter anderem für die Baumaßmahmen zur militärischen Sicherung der Stadtbefestigung[533]; die Helme der Kirchtürme wurden auf eine Vision des Bernd Knipperdollinck hin abgenommen, um auf den Plattformen neuartige Geschütze in Stellung zu bringen[534]. Dadurch erfuhren die Kirchen ebenso wie die buchstäblich in den Schmutz getretenen Heiligenbilder eine „Wesensänderung“; denn „sie waren nicht mehr heilige, mit sakraler Kraft beladene Objekte“, sondern „sie wurden [vielmehr] zu profanen Objekten, reiner Materie“[535]. Genauer: In dem Maße, wie die physische Anwesenheit der Ikonen die Christen nicht länger verführten und diese in ihrer mehr oder weniger schwankenden Überzeugung bestärkten, dass Gegenstände sakrale Macht besäßen, verloren auch die Kirchen ihren Nimbus als heilige Orte[536].

Auffälligerweise zerstörten die jeweils von der Obrigkeit aufgerufenen und ‚diszipliniert‘ vorgehenden Bilderstürmer[537], unter denen die Frauen insgesamt ebenso rar waren wie Mitglieder der städtischen Eliten und religiös qualifizierte Personen[538], vor allem die Gesichter, näherhin die Augen der Heiligen, wenn sie deren Bilder und Statuen angriffen[539]. Entsprechend ist zu erwägen, dass diese Zerstörungen eine Unsicherheit der ‚Täter‘ widerspiegelt, ob die in Holz oder Stein gehauenen Heiligen tatsächlich als Tote gelten müssen oder womöglich – so sahen es die Altgläubigen – doch weiterhin lebendig zugegen waren[540]; ob diese Heiligen eventuell in der Lage sein könnten, in das alltägliche Leben weiter einzugreifen, wenn man sie nicht wirklich ‚bestrafte‘ bzw. ‚unschädlich‘ machte, indem man sie der sinnenhaften Wahrnehmung beraubte. So nahm man an dem Gesicht einer Äbtissin, das einen Grabstein im Dom zu Münster zierte, gezielte Zerstörungen vor, indem man der dargestellten Klostervorsteherin ihre sichtbaren Sinnesorgane ausmeißelte bzw. ‚zerschnitt'. Überdies fehlen der Äbtissin die Schwurfinger der rechten Hand. Zu Recht ist in diesem Zusammenhang neuerlich an die Übernahme spezifischer mittelalterlicher Strafpraktiken für den Bereich der symbolischen Degradierung und der öffentlichen Verspottung feindlicher oder politisch unliebsamer Herrschaftsträger zu erinnern[541].

Freilich ist noch ein Erklärungsversuch der Kulturhistorikerin Susan C. Karant-Nunn für die so häufige Zerstörung von Figuren im Bereich des Gesichts zu berücksichtigen: Die Unkenntlichmachung der Gesichter – eben des ‚Ausdruckszentrums' von Emotionalität und Leiden – hätte den Frommen signalisieren sollen, dass „die ideale Form religiösen Verhaltens still und unbewegt war, innerlich, nicht auf materielle Objekte bezogen"[542]. Insgesamt hätte man all jene Emblematik zerstört, die traditionell „die göttliche Gegenwart wahrnehmbar machte und in den Frommen tiefe Gefühlsregungen auslösen sollte"[543]. So könnte der Bildersturm als Versuch gelten, mittels der Beruhigung des äußeren Raumes den Innenraum der Frommen gezielt ruhig zu stellen.

Im Sinne einer aufgipfelnden Synthese machen die Angriffe auf den Dom in Münster als ehedem zentrales Heiligtum und heiligster Ort der Stadt am 24. und 25. Februar 1534 deutlich, dass die Täufer alles das zu vernichten suchten, was den Altgläubigen als heilig und als Träger des Bildgedächtnisses galt, darunter die Darstellungen der Apostel Petrus und Paulus[544]. Mehr noch ergossen sich im Sinne einer von den Täufern als Profanierungsritual[545] klassifizierten sowie in der Konsequenz der früheren Gottesdienststörungen verstandenen Aktion[546] auch über den als Strohpuppe dargestellten Münsteraner Bischof an dessen ehemaliger Wirkstätte der Hohn und der Spott[547]. Derlei Inszenierung wurzelt in der schon von Martin Luther geäußerten Überzeugung, dass die katholische Geistlichkeit ebenso wie der altgläubige Kult „Puppen" oder „Masken" des Teufels seien[548]. Um der profanierenden Schmähung des ehemals durch die Weihe geheiligten Oberhirten willen rissen die Täufer gleichzeitig sein Wappen vom bischöflichen Palast und traten es in den Kot[549].

Im Dom ahmten die Täufer den eucharistischen Ritus im Rahmen von Spottmessen nach. Motiviert waren sie von der Überzeugung, dass eine solche „Narrenmesse" ebenso heilig sei wie jede andere Messe[550]. Die Mitglieder der täuferischen Gemeinde übernahmen in den Spottmessen die Hauptrollen vor einem eigens zu diesem Zweck geschnitzten Altar[551]. So standen einer Spottmesse drei Bürger der Stadt – als traditionelle Priester ‚verkleidet' (angetogen ein missgewant) – vor[552]. Übrigens feierte man solch eine Spottmesse im Dom noch angesichts der äußersten Bedrohung durch die Belagerer vor der Stadtmauer, um die Frontstellung gegen die Altgläubigen und den Bischof nach Kräften wachzuhalten[553]. Ihre Abscheu gegenüber der traditionellen Opferung[554] brachten die Täufer dadurch zum Ausdruck, dass sie – unter Gelächter und Gejohle – den Priester-Akteuren unter anderem tote Katzen, Ratten oder Mäuse als materielle Gaben darbrachten[555].

Insgesamt standen die bilderstürmerischen Aktivitäten auch in Münster im Dienste einer Beruhigung der Kirchenräume, mit deren Hilfe man die Beruhigung der Frommen zu erreichen suchte. Zugleich wertet der Sozialhistoriker Norbert Schnitzler die Zerstörung der Bilder als Ausdruck einer neuen Grenzziehung zwischen dem Heiligen und dem Profanen: „Der Monopolanspruch der Kirche auf Orientierungsleistung und Sinnstiftung, der gleicherweise Sakramente, Gebete, Feier- und Festtage umfasste, d. h. ganz allgemein die symbolische Ordnung konstituierte, wurde erfolgreich unterminiert, die Grenze zwischen sakralem und profanem Bereich in Erinnerung gerufen, bisweilen sogar neu gezogen."[556] Umso drastischer tritt diese Neubewertung des ehemals Heiligen hervor, wenn man es nicht allein aus der Sakralität in die Profanität überführte, sondern es überdies mit körperlichen Stoffen wie Blut, Urin oder Kot in Berührung brachte, die gemeinhin als unrein galten[557] oder – so für Münster überliefert – Madonnenbilder gar als Latrinendeckel benutzte[558].

7. Von Jerusalem nach Jerusalem

Ebenso wie jede mittelalterliche Stadt beanspruchte auch das täuferische Münster die Jerusalem-Symbolik für sich. Worin liegen die Wurzeln derartiger Referenzen? Inwieweit unterscheidet sich der Jerusalem-Rekurs der Täufer von früheren Jerusalem-Bezügen?

Ausgehend von den 656 Nennungen Jerusalems in der Bibel, war die Anziehungskraft, die Jerusalem ausübte, auch unter den Christen enorm[559]. Freilich hatte das irdische Jerusalem unter den Christen im Hochmittelalter einen höheren Stellenwert als jemals zuvor in der christlichen Geschichte: „Erst der drohende Verlust Jerusalems förderte die religiös und politisch motivierte Sehnsucht nach der in die Ferne gerückten Stadt."[560] Mit Blick auf das Alte Testament sah man in Jerusalem den Inbegriff des versprochenen Gelobten Landes. Durch die Rückeroberung suchten die Kreuzritter – gewissermaßen als Wiederholung des israelitischen Aufbruchs aus der Gefangenschaft in das Land der Fülle – den Tempel zu befreien, den Kult zu erneuern und sich für die Gemeinschaft zu opfern. Unter Rückbezug auf das Neue Testament galt Jerusalem als heiliger Ort, weil die Christen darauf vertrauten, dass Christus hier mit seinen Füßen einhergeschritten sei, ja – man bedenke die Anklänge an Psalm 131,7 – seine Füße auf diesem Boden gestanden hätten *(ubi steterunt pedes eius)*.

Schließlich führte die der Jerusalem-Sehnsucht im Mittelalter inhärente übergroße Spannbreite dazu, dass man Jerusalem grundsätzlich an jedem Ort der Erde für möglich hielt: Ein bauliches Zitat innerhalb einer Stadt genügte, um sie als Jerusalem auszuweisen. Eine ebensolche Wirkung erfüllten liturgische Anklänge an das irdische oder das himmlische Jerusalem[561], nicht zuletzt die innere Vorbereitung eines Menschen als ‚Aufbau' des himmlischen Jerusalem.

Während sich das altgläubige Münster ebenso wie jede mittelalterliche Stadt als Abbild des himmlischen Jerusalem charakterisieren lässt – man vergegenwärtige sich das doppelte topographische Kreuz im Stadtgrundriss[562] –, gibt es in den Quellen keine Hinweise darauf, ob und inwieweit die Lutheraner Münsters auf die Symbolik der Heiligen Stadt zurückgriffen. Deutlicher zeigen sich die täuferischen Rückbezüge auf Jerusalem: Als die Kreuzzugsidee seit dem Spätmittelalter an Anziehungskraft einbüßte, weil man das irdische Jerusalem gewissermaßen überall antreffen konnte[563], besannen sich Melchior Hoffman und später die Täufer in Münster auf die Vorstellung vom irdisch-himmlischen Jerusalem im Sinne eines singulär-unverwechselbaren Ortes zurück und identifizierten ihn exklusiv mit Straßburg und schließlich mit Münster. Mehr noch: Während sich zu Beginn des 16. Jahrhunderts einerseits wissenschaftliche Erkenntnisse und programmatische Entwürfe hinsichtlich der genauen Lage und der zutreffenden Ausgestaltung Jerusalems gegenüberstanden[564], entschieden sich die Täufer in Münster einfachhin aufgrund ihrer Wahrnehmung religiöser und gesellschaftlicher Veränderungen für die westfälische Stadt als heiliger Ort des Zusammentreffens von himmlischem und irdischem Jerusalem. Und noch in einem weiteren Punkt wichen sie von der zeitgenössischen Diskussion um das ‚eine Jerusalem' und die ‚vielen Jerusalems' ab: Für die Täufer zählten gerade nicht bauliche Zitate, bestimmte Jerusalem-Reliquien (Kreuzsplitter etc.) oder liturgische Reminiszenzen als Indikatoren für die Realpräsenz der Stadt Jerusalem in Westfalen; vielmehr galt es allein der göttlichen Offenbarung zu folgen und das urgemeindliche Leben wiederzuerrichten, um die „Heiligkeit des Landes" oder besser: der Stadt zu revitalisieren[565].

Rückblickend bedarf es der Beachtung, dass die münsterischen Täufer entgegen ihrem ursprünglichen Anspruch die westfälische Metropole schließlich doch als heiligen Ort ausgestalteten: mit dem Zionsberg (Domhügel) als heiliger Platz, mit einem König und einem Hofstaat, mit einer alttestamentlich hergeleiteten Legislative und Exekutive, schließlich mit königlicherseits neu benannten Straßen und Menschen. Anders gesagt: Ebenso wie man es gemäß der spätmittelalterlichen Jerusalem-Idee für möglich hielt, dass die ewige Stadt nicht allein durch bauliche Zitate, sondern überdies aufgrund einer christlich ausgerichteten Lebensführung auch im eigenen Herz angesiedelt sein konnte, konzentrierten sich die Täufer über die Bereitung des eigenen Herzens als Ort des himmlischen Jerusalem hinaus gleichermaßen auf die Ausgestaltung der Stadt als himmlisches Jerusalem: Unter Berufung auf das Buch Daniel stellt Bernhard Rothmann heraus, dass der König von Münster auf dem Stuhle Davids sitze, um angesichts der Wiederkunft Christi dem *pater patrie*[566], nämlich Christus als dem neuen Salomon, Platz zu machen. Tatsächlich gilt dem ‚späten Rothmann' der König von Münster als beinahe gottgleiche Sakralperson, indem dieser mit König David verglichen wird[567]. Nur nebenbei sei angemerkt, dass das täuferische Selbstverständnis, mit ihrer im König aufgipfelnden Gemeinschaft das Heilige exklusiv zu verkörpern, die Altgläubigen und die Lutheraner fragen ließ, ob an einem bestimmten Ort innerhalb der Welt eine derartige Massivität göttlicher Präsenz überhaupt möglich sein könnte. Zwar verneinten sie diese Frage klar[568]; doch teilten zumindest die Lutheraner mit den Täufern jene Überzeugung, welche schon Amos, Sajarcha, Jesus, Petrus oder Paulus geleitet hatte, nämlich dass „die Zukunft eher in Monaten denn in Jahrhunderten" zu messen sei[569].

8. Von der Täuferherrschaft zum Täuferreich – Eine theatralisch bewirkte Veränderung?

Im Rückblick auf die konfessionsvergleichende Rekonstruktion des in Münster angesiedelten Täufertums stellt sich die Frage, ob die herausgearbeiteten Eigenarten eher als allgemeine Grundüberzeugungen aller täuferischen Bewegungen zu bewerten sind oder ob sie die ortskonkrete Entwicklung hin zur täuferischen Theokratie von Münster im Letzten tatsächlich plausibel machen. Anders gefragt: Welche Erklärungsansätze für die täuferische Entwicklung in Münster ließen sich über die zeitgenössischen Berichte und die Kronzeugenschaft des Täufer-Theologen Bernhard Rothmann hinaus noch anführen, um den Weg von der Täuferherrschaft zur Täuferreichs-Theokratie wirklich nachvollziehbar zu machen?

Die Theaterwissenschaft bietet einen weniger text- als handlungsorientierten Erklärungsansatz an, der danach fragt, wie menschliches Handeln Bedeutung hervorbringt und vermittelt. Im Hintergrund steht die Überzeugung, „dass eine Äußerung, eine Aufführung, ein Ritual oder eine Verhaltensweise nicht etwas Vorgegebenes abbilden; vielmehr wird Bedeutung erst im Augenblick des Äußerns, Aufführens oder sich Verhaltens hervorgebracht"[570]. Damit kommt jeder Interaktion oder jedem auf Interaktion gründenden Ritual eine bedeutungsstiftende und identitätsbildende Kraft zu, wobei bis dahin gültige Überzeugungen bzw. Symbole und sozio-kulturelle Figurationen durch die Feier des Rituals nachhaltig verändert werden können: „Ein Ritual zielt auf Legitimierung ab, und das bedeutet, dass eine Grenze, die durch das Ritual selbst erst gesetzt wird, als natürlich und somit dem Ritual vorgängig anerkannt wird."[571] Demnach erwecken Rituale den Anschein, bestätigend (konstativ) zu sein, sind aber aufgrund ihrer interaktiven Darstellung tatsächlich in der Lage, neue Bedeutungen hervorzubringen (performativ). Freilich – so ist herauszustellen – bleibt die Performativität des rituellen Akts den Akteuren selbst im Moment des Geschehens mitunter verborgen: So scheint (!) der stets auf Interaktion basierende Ritus den Beteiligten bislang Selbstverständliches zu bestätigen, obwohl er tatsächlich normverändernd wirken mag.

Blickt man in die Geschichte Münsters, dominiert die bestätigende Kraft der gefeierten Rituale während der altgläubig geprägten Jahrhunderte. Derlei äußerte sich in der Achtung gegenüber den heiligen Orten und heiligen Zeiten, gegenüber dem Bischof sowie gegenüber den anderen Amtsträgern, gegenüber den geistlichen Gemeinschaften und Bruderschaften, gegenüber den altehrwürdigen Feiern und Liturgien. In Abweichung von diesen Traditionen entfaltete das Wirken der lutherischen Prediger durchaus die bedeutungsverändernde Kraft der Rituale: Andere Orte für die gottesdienstlichen Zusammenkünfte, Veränderungen bei den geprägten heiligen Zeiten, die Relativierung, ja Ablösung der bisherigen Amtsträger bis hin zu einer bis dahin nicht üblichen Dominanz der Predigt in den gottesdienstlichen Zusammenkünften – all das bewirkte hintergründig eine Veränderung der maßgeblichen religiösen Überzeugungen.

Wie niemals zuvor in Münster bedienten sich die Täufer der verändernden Kraft von himmlisch rückgebundenen Interaktionen und Ritualen. So veränderte man aufgrund der prophetischen und stets sogleich öffentlich gemachten Schauungen viele bis dahin übliche Regeln im Alltag: Einem Propheten aus Warendorf wurde geoffenbart, wie viele Kleidungsstücke jeder Täufer fortan besitzen durfte[572]. In der Hungersnot setzte eine Prophetie des Jan van Leiden die Gepflogenheit außer Kraft, Pferdefleisch zu essen[573]. Pfeifen und Trommeln, ursprünglich von den Täufern in Münster abgeschafft, wurden aufgrund einer Prophetie neuerlich eingeführt[574]. Die Polygamie gab man in den gottesdienstlichen Predigten als Gottes unbedingten Willen aus (dat et Godes wille wer)[575]. Ein Prophet stellte sich auf einen Altar der ehedem für altgläubige Gottesdienste genutzten Lambertikirche, um eine Prophetie an die Gläubigen weiterzugeben, dass sie das auserwählte Neue Israel seien und die Erlösung nahe bevorstünde[576]. Weiter: Um die Standhaftigkeit der Mitglieder der täuferischen Gemeinde trennscharf zu prüfen, mussten sich Menschen im Sinne eines Bußrituals mit dem Gesicht nach unten auf den Boden werfen, mit bloßen Händen eine Kuhle in die Erde wühlen sowie mit Händen und Füßen um Gnade bitten[577]. Im gleichen Sinne ist zu fragen, welche inneren Veränderungen jene Mitglieder der Täufergemeinde durchmachten, die von den Propheten aufgefordert wurden, sich auf den Boden der Lambertikirche zu legen, um vom göttlichen Vater die Vertiefung im täuferischen Glauben zu erbitten und sich ihm dafür dankbar zu erzeigen[578]?

Trotz aller Unterschiedlichkeit im Detail stimmen die hier nur knapp skizzierten Rituale darin überein, dass sie allesamt dazu angetan sind, die der innergemeindlichen Egalität zuwiderlaufende Herrschaft der Propheten nachhaltig zu festigen: „Die Propheten meinden, Got gienge mit inen up erden“[579], wie täuferkritischen Überlieferungen zu entnehmen ist. Der gottesdienstliche Rahmen, innerhalb dessen die göttlicherseits ergangenen Prophetien von den Propheten an die täuferische Gemeinde weitergegeben wurde, lässt sich unter anderem daran erkennen, dass die Menschen nach der stets öffentlich vollzogenen Verkündigung der himmlischen Weisung zumeist ein Danklied oder einen Lobpsalm anstimmten (hebben gesungen einen deutschen salmen)[580]. Unübertroffen zeigte sich dieser mit traditionellen christlich-liturgischen Elementen ausgestaltete und bedeutungsverändernd wirkende, gottesdienstliche Rahmen, als die Täufer von Münster dem im Fenster seines Palastes stehenden König Jan van Leiden huldigten; denn nach dessen Predigt über ein Kapitel aus dem Buch der Könige, demzufolge Engel aus dem Himmel kamen, um dem König David im Streite gegen die Feinde zu helfen, folgten gleich mehrere deutsche Psalmen im Wechselgesang als Antwort[581].

Kurzum: Bedeutungsverändernde Rituale und bis dahin unübliche Weisen der prophetischen Interaktion tragen zur Rekonstruktion des Weges von der Münsteraner Täuferherrschaft zum theokratischen Täuferreich wesentlich bei. Erst durch diese Einwirkungen konnte sich in Münster eine über die anderen zeitgenössischen Täufergemeinden hinausgehende täuferische Sonderentwicklung vollziehen. In diesem Zusammenhang lassen die offensichtliche Wirksamkeit vor allem der prophetischen Verkündigungen und die somit himmlisch legitimierten Veränderungen fragen, inwieweit Menschen in einer belagerten Stadt für derlei göttliche ‚Rückendeckung‘ womöglich besonders empfänglich sind. Ohne dass diese Erwägung von der Mediävistik bislang gründlich aufgegriffen worden ist, wird man sie für Münster hoch veranschlagen müssen; dies umso mehr, da die täuferischen Gemeindemitglieder zwischen Herbst 1534 und Sommer 1535 durchaus freiwillig handelten und sich nicht einfachhin durch die täuferische ‚Obrigkeit' zur Unterordnung gezwungen sahen. Wie sonst ist es zu erklären, dass ein im Anschluss an die täuferische Polygamie-Vorschrift gestarteter Putschversuch scheiterte, weil sich ihm kaum weitere Mitglieder der täuferischen Gemeinde anschlossen, obgleich man die führenden Propheten bereits gefangen genommen hatte[582]?! – Im Sinne eines Ausblicks sei gefragt, ob die durch prophetisch-rituell geprägte und alltags- wie normverändernde Interaktion ermöglichte Erhebung des Jan van Leiden zum König vor dem Hintergrund der Stadtgeschichte Münsters als Rückschritt oder als Fortschritt zu bewerten ist.

9. Ausblick: Vom Fortschritt der Gilde-Verfassung zum Rückschritt des Königtums?

Unter Orientierung an der städtischen Sozialordnung hatten sich zuerst die Anhänger des lutherischen Heiligungskonzeptes gegen die sakramentalische Funktion der altgläubigen ‚heiligen' Priesterschaft gewendet, bevor sich seit 1533/1534 die Täufer an die Spitze dieser Gegnerschaft stellten.

Nachdrücklich weist Ronnie Po-chia Hsia in diesem Zusammenhang auf die „exakten strukturellen Parallelen" zwischen der Lebenspraxis und der Weltdeutung der Gilden auf der einen sowie der Lebenspraxis und der Weltdeutung der Täufer auf der anderen Seite hin: „Gilden und ‚Kommunen' entstanden als verschworene Verbände, Verschwörungen, die von der gegenseitigen Zustimmung von Gleichgestellten gebildet wurden."[583] Die Verbindungslinien zwischen den Gilden und der Gemeinschaft der Münsteraner Täufer können eigentlich kaum verwundern, da die Gruppe der Täufer seit 1534 vornehmlich von jenen Menschen getragen wurde, die sich bereits in den Gilden für die Wahrung des städtischen Gemeinsinns eingesetzt hatten[584].

Umso mehr bedarf es rückblickend der Beachtung, dass die Gleichheit unter den Münsteraner Täufern durch das ritengestützte und hintergründig-normverändernde Auftreten von Prophetengestalten so nachhaltig verändert wurde. Unübertroffen ließ der Prophet Jan van Leiden verlauten, dass ihm von Gott eine neue Verfassung für das neue israelitische Volk von Münster geoffenbart worden sei, näherhin eine neue Obrigkeit und neue Gesetze; denn die alte Ordnung sei von Menschen gefertigt, insofern weltlich und profan, diese aber sei von Gott eingesetzt worden und könne deshalb als heilig gelten. Entsprechend berief er gemäß einer göttlichen Eingebung zwölf Älteste. Die Korrespondenz mit den Anführern der zwölf Stämme des Alten Israel sollte den weltumspannenden Anspruch des Täuferreiches versinnbildlichen[585]. Vorschriften des Alten Testaments wurden zu heiligem Recht erhoben. Im Detail belegen weitere Einzelvorschriften das Bemühen der Täufer, mit Hilfe der den Zwölf von Gott geoffenbarten heiligen Satzungen[586] das Stadtleben zu heiligen: „Was die Heilige Schrift gebietet oder verbietet, soll jeder Israelit [Münsters] bei Strafe halten (Art. 1)."[587]

In letzter Abkehr von der menschengemachten Gildeverfassung wurde Jan van Leiden auf göttliche Offenbarungszeichen hin zum König über die Stadt und die Welt erhoben[588]. Als Zeichen für seine himmlische Legitimation mag er auch die Salbung empfangen haben, wie Hermann von Kerssenbrock berichtet: „‚Ich salbe dich auf Befehl des Vaters zum Könige des neuen Tempels und rufe dich im

Angesichte des ganzen Volkes zum Könige des neuen Zion aus'", soll ein Prophet in Münster bei der Salbung gesprochen haben. Und an das Volk gewandt (und auf dessen Akzeptanz des Königs kam alles an !), soll der neue König seinerseits im Sinne eines theokratischen Herrschaftsverständnisses geantwortet haben: „,Jetzt ist mir also über alle Nationen des ganzen Erdkreises Gewalt gegeben und das Recht des Schwertes zum Schrecken der Bösen und zur Verteidigung der Guten. Deshalb beflecke sich in dieser heiligen Stadt keiner mit Freveltaten und widerstrebe dem Willen Gottes, sonst wird er ohne Nachlass der Strafe mit dem Schwerte getötet werden.'"[589] Ja, um der Heiligung der Stadt willen zeigte sich das neue Strafrecht von „drakonischer Natur": Während noch Martin Luther die Tötung eines Menschen allein aufgrund des Glaubens „sein Leben lang" streng ablehnte[590], wiewohl er sich mit Blick auf die Täufer in einigen gutachterlichen Stellungnahmen gegenteilig äußerte[591], kannte das neue Recht in Münster „als einzige Strafe nur die Todesstrafe"[592]. Überdies galten fortan allein jene Maßnahmen als heilig, die der König veranlasste. Dazu zählte als erstes die Absetzung aller bisherigen Amtsträger, bevor der König als zweites alle innerstädtischen Schlüsselpositionen neu besetzte[593].

Im entwicklungsgeschichtlichen Vergleich mit der vielfältig austarierten spätmittelalterlichen Stadtverfassung kommt die monarchische Herrschaftsordnung für die Stadt Münster einem Rückschritt gleich; an die Stelle der in Münster seit 1430 erstrittenen Gildebeteiligung an der städtischen Herrschaft war seit April 1534 eine von den Täufern Münsters akzeptierte theokratische Ordnung getreten, die durch Jan van Leiden als König vollendet wurde[594].

Von seinen Anfängen an war das Sakralkönigtum „mit der Sphäre des Numinosen und des Kultes verknüpft"[595], so dass es als eine der zivilisationsgeschichtlich urtümlichen Herrschaftsformen gelten darf. Mit Blick auf das Abendland lässt sich das Sakralkönigtum „als eine allgemeine europäische Erscheinung“ beschreiben, die das Frühmittelalter im Herrschafts- und Religionsvergleich als eine Zeit veranschaulicht, die in ihrer Archaik der ‚aufgeklärten‘ Religionswelt der Antike vorgelagert war[596]. So kennzeichnete der genannte Verfassungstyp „die germanischen Reichsbildungen des 5. und 6. Jahrhunderts auf dem Boden des früheren Imperiums“[597].

Nicht zuletzt verwirklichte das Sakralkönigtum in Münster die drei Hauptkennzeichen des (früh-)mittelalterlichen Sakralkönigtums: „Das Motiv der göttlichen Abkunft der Königssippe“[598] wurde entsprechend dem Beispiel des Karolingerkönigs Pippin d. J. († 768) durch die himmlisch übermittelte Erwählung des Jan van Leiden ausgeglichen. Der als zweites zu nennenden „Vorstellung eines Konnexes zwischen Königstugend und Königsheil“[599] entsprach Jan van Leiden, insofern man in Münster – übrigens seit mittelalterlicher Zeit ununterbrochen – bis in das Täuferreich an dem Tun-Ergehen-Zusammenhang von menschlicher Wohltat und göttlicher Belohnung bzw. menschlicher Sünde und göttlicher Bestrafung festhielt. Schließlich verwirklichte Jan van Leiden auch die „kultische Funktion des Königs“[600], wie sein Vorsitz beim Abendmahl veranschaulicht.

„Den König als Sakralperson und als Inhaber von Kirchenrechten zu betrachten, blieb bis zum Investiturstreit selbstverständlich“, so resümiert Arnold Angenendt die komplexe Entwicklung zwischen Früh- und Hochmittelalter[601]. Tatsächlich bestand ein Schlüsselergebnis des Investiturstreites im 12. Jahrhundert darin, dass „den Herrschern jedwede *sacerdos*-Funktion, die diese in der Königssalbung begründet sahen, bestritten“ wurde[602].

Angesichts dieses herrschaftsgeschichtlichen Einschnittes mit seinen säkularisierenden Auswirkungen verdient es Beachtung,

„Newe Zeytung/Die Wiederteuffer Zu Münster belangende" (1535)
Die Phantasiezeichnung zeigt den König und die Königin in einer Fensternische. Die am Bildrand befindlichen Nebenfrauen wurden als „Concubinen ofte spilfrouwen" bezeichnet. Von 1534–1536 sind mindestens 26 Flugschriften und 27 Streitschriften erschienen, die das rege Interesse in den deutschen Ländern an den Vorgängen in Münster belegen.

dass Jan van Leiden mit seiner priesterlichen Herrschaftsauffassung hinter eben diese Errungenschaft wieder zurückfiel und die Täufer von Münster diesem Schritt zustimmten. Gleichfalls – wiederum mit Einwilligung der Gemeinde – übertraf die Aufgipfelung heiligen Mittlertums in der Person des Königs Jan van Leiden sogar die in Münster vor 1532 noch weitgehend selbstverständliche Heilsmittlerschaft des Bischofs: erstens in der beanspruchten globalen Reichweite, zweitens in der jeder verfassungsmäßigen Kontrolle entbehrenden Absolutheit sowie drittens in der durchaus königlich üppigen Ausstattung.

VI. Kapitel

DAS TÄUFERREICH – RÜCKSCHRITT ODER WEGBEREITER DER MODERNE?

Zahlreich waren die Aufbrüche zu Beginn des 16. Jahrhunderts im Bereich der Kunst und der Musik, unter den Forschern und den Entdeckern. Neue Weltentwürfe, gar Utopien kamen zum Zuge. Während sich freilich die einen aufmachten zu neuen inneren und äußeren Ufern, um ihren irdischen Lebensradius zu vergrößern, mühten sich andere um die Vorbereitung auf das damals nahe geglaubte Ende der Welt, weil sie den Lebensradius der Ewigkeit höher schätzten als jede innerweltliche Eroberung. Die Täufer von Münster zählten zu denjenigen, die die Wiederkunft Christi nahe glaubten und deshalb alle Kraft auf die persönliche und gemeinschaftliche Umkehr aufwandten, um Christus alsbald in größtmöglicher Reinheit und Heiligkeit gegenübertreten zu können. Wie lässt sich die Ausrichtung ihres Königreiches von Zion zwischen den beiden Polen ‚Mittelalter' und ‚Moderne' unter religions- und kulturgeschichtlichen Prämissen abschließend charakterisieren?

1. Der Weg in das Täuferreich – Ein Rückschritt im Namen des Heiligen?

Münster wechselte im 16. Jahrhundert innerhalb von fünf Jahren drei Mal das christliche Bekenntnis: Zwischen 1531 und 1535 wurde das altgläubige Münster zuerst protestantisch, dann täuferisch, um sich schließlich wieder dem altgläubigen Sakralisierungskonzept zuzukehren. Zumindest die altgläubige und die täuferische Phase stimmen darin überein, dass man sich auf die städtische Angleichung an das himmlische Jerusalem verpflichtet sah. Freilich interpretierte jede Bekenntnisrichtung dieses Ideal in einer anderen Weise, wie sich abschließend anhand der je unterschiedlich zugrundegelegten „Dimensionen der Heiligkeit" ablesen lässt.

1. Während die altgläubigen Münsteraner eine *dinglich-gegenständlich geprägte Heiligkeit* hochschätzten, wie sie ihnen in den als heilig angesehenen Elementen der Liturgie begegneten (Brot und Wein, Weihwasser, Öl etc.), lehnten die Lutheraner derartiges ebenso ab wie die Täufer. Die Anhänger dieser beiden Konzepte der Heiligung favorisierten stattdessen eine stark *personale Heiligkeit,* die sich der getaufte Christ von Gott zusprechen lässt. Obgleich eben diese „personale Heiligkeitsvorstellung"[603] auch unter den zeitgenössischen Altgläubigen gepflegt wurde, sahen diese die Erlangung von Heiligkeit nicht als einen Vorgang, der sich direkt zwischen Gott und dem jeweiligen Christen ereignet, sondern heiliger Mittlerschaft bedarf: einerseits durch die bereits genannte dinglich-gegenständliche Heiligkeit in den Elementen der Liturgie, andererseits durch institutionell-amtlich verbürgte Heiligkeit, wie sie Papst, Bischöfe oder Priester ebenso wie Heilige und Selige garantierten.

Tatsächlich lässt sich für Münster zwischen 1531 und 1535 – einmal abgesehen von der Schlussphase des Täuferreiches – ein Entwicklungsbogen hin zu einer individualisierten, verinnerlichten und ethisierten Frömmigkeit schlagen; denn maßgeblich wurde das Hören des Gotteswortes und seine Befolgung bis hin zur Forderung bzw. Anwendung der Bekenntnistaufe.

Schließlich gipfelte die verinnerlichte Frömmigkeit im Prophetentum der führenden Täufer auf, so dass nicht länger theologisch-universitär gebildete Kenner die Heilige Schrift auslegten, sondern himmlische Visionen und göttliche Offenbarungen an Einzelne bedeuteten, wie die Bibel zu verstehen sei. Damit waren die Propheten zugleich die Initiatoren des täuferischen Königtums – und damit die Wegbereiter für eine neuerlich stark interzessorisch sowie gegenständlich-dinglich geprägte Frömmigkeit.

2. Zwar galten entsprechend dem altgläubigen Sakralisierungskonzept alle Getauften als *heilige Menschen;* doch sah man die Angehörigen des Klerus sowie der weiblichen Gemeinschaften und der männlichen Klosterkommunitäten der Stadt, allzumal wenn deren Mitglieder zugleich das Priesteramt bekleideten, in einem vollkommeneren Status als die Christen in Ehe und Familie.

Abweichend von den Altgläubigen vertrat das neugläubige Heiligungskonzept vom Grundsatz her keine hierarchische Stufung innerhalb der Gemeinschaft der Getauften, wiewohl schluss endlich die Prediger doch noch eine höhere Auslegungskompetenz zugesprochen bekamen.

In Anknüpfung an die lutherischen Anfänge in Münster vertraten ursprünglich auch die Täufer ein egalitäres Verständnis aller Christen, insofern sie alle im Erwachsenenalter getauften Christen, die aus dem Glauben an das Evangelium lebten, im Stande der Heiligkeit sahen. Erst mit dem zunehmenden Einfluss des Prophetentums, das schließlich in die Einführung des Königtums mündete, begannen die Täufer unter sich zwischen jenen Christen zu unterscheiden, die eine göttliche Offenbarung empfangen hatten und solchen, denen eine derartige Würdigung nicht zuteil geworden war. Von höchster Heiligkeit – womöglich auch aufgrund einer heiligen Salbung – war der König. So zeigt die hierarchische

Abstufung im Grade der Heiligkeit unter den Altgläubigen und unter den Täufern erstaunliche Parallelen.

3. Für die Menschen des Mittelalters hing der Grad der Heiligkeit einer Stadt, also die *Sakralität des Ortes,* an der Anzahl der innerhalb der Stadtmauern vorhandenen Reliquien und Kirchen ebenso wie an dem Einsatz der Priester und klösterlichen Gemeinschaften, schließlich an den *heiligen Zeiten,* zumeist den Gedenktagen des göttlichen Herrn und der Heiligen. Städte mit vielen Reliquien und Kirchen – Gotteshäuser hier auch verstanden als Wohnstätten der Heiligen – samt einer Vielzahl geweihter Diener an den Heiligtümern sowie heiliger Festzeiten galten als besonders attraktiv und versprachen mit Blick auf das diesseitige und das jenseitige Leben mehr Schutz als Orte mit wenigen oder unbedeutenden Reliquien; denn sowohl den aktuell-priesterlichen Mittlern als auch den Heiligen schrieb man die Fähigkeit einer „stellvertretend-schützenden Heiligkeit [zu], die eigene Defizite ausgleicht"[604].

Im Unterschied zum altgläubigen Sakralisierungskonzept sah das neugläubige Verständnis von Heiligkeit das Heil eines Gemeinwesens davon abhängig, dass das Wort Gottes verkündigt wird, dass die Menschen es gläubig annehmen und im Gehorsam befolgen[605]; eine ausgleichende ‚Ersatzinstanz' für eigene Schwächen im Bereich des Religions- und Soziallebens (Heilige als Fürsprecher) entfiel ebenso wie eine von ausgleichend-heiligen Mittlerinstanzen abhängige Charakterisierung einer Stadt als heiliger Ort. Ohne dass man präzise weiß, ob die kurze reformatorische Phase ausreichte, um Festtage der Heiligen abzubauen, sieht das lutherische Heiligungskonzept herausgehobene Gedenktage der Heiligen selbstverständlich nicht vor.

In letzter Konsequenz stürmten in Münster zuerst die Lutheraner, später die Täufer die Kirchen als die heiligen Orte des Gemeinwesens und vernichteten die Bilder, die Reliquien und die Gedenktage der Heiligen als die Manifestationen himmlisch-irdischen Mittlertums, um Gott fortan vor allem in den sozial zu versorgenden Armen zu sehen. Freilich blieb die täuferische Frömmigkeit keinesfalls so ausschließlich verinnerlicht und in Distanz zur Grundidee von der Stadt als topographisch heiligem Ort, wie es das täuferische Ideal der Bekenntnistaufe nahe legen könnte. Einige Beispiele seien angeführt: Während die Täufer die Kirchen der Altgläubigen zu profanen Steinkuhlen desakralisierten, bezeichneten sie den Domplatz als Berg Zion und sahen ihn als den Ort der göttlichen Wiederkunft auserwählt; während man die Gedenktage der Heiligen entheiligte, blickte man auf das Jahr 1534, das den Täufern aufgrund der unmittelbar nahe geglaubten Wiederkunft Christi in Münster als heilig galt; während das Gepränge von Bischof und Klerikern abgeschafft wurde, stattete man den täuferischen König als ‚göttlichen Vorläufer' mit einem königlichen Hof und großem Prunk aus, wobei teilweise Gegenstände des altgläubigen Bischofs und seines Gefolges zum Wiedereinsatz gelangten; während die mittelalterlichen Stadttore, erkennbar an der Namengebung, heiligen Gegenständen (Kreuz) oder Personen (Ludgerus, Servatius etc.) unterstellt waren und bei den Neugläubigen von jeder Umbenennung verschont blieben, schaffte der täuferische König diese Namen ab – desakralisierte sie somit – und übernahm durch eigene Neubenennungen selbst das ‚Patronat' über diese sensiblen Orte der Stadtbefestigung. Anders gesagt: Abweichend vom neugläubigen Heiligungskonzept bei gleichzeitig grundsätzlicher Nähe zum altgläubigen Sakralisierungskonzept, vertrat man in der Schlussphase des Täuferreiches die Auffassung, dass sich das Heil in irdisch-materieller Weise manifestiere und die Stadt als heiligen Ort ausweise.

Freilich bleibt mit Blick auf das täuferische Sakralisierungskonzept unklar, ob die Täufer davon ausgingen, dass die Verdienste des Königs eventuelle ethisch-moralische Fehltritte seiner täuferischen Untertanen auszugleichen vermochten; zumindest vertrauten sich die Täufer ihren Propheten an, weil sie sich von deren an den himmlischen Visionen orientierten Leitung erhofften, den göttlichen Vater nicht zu erzürnen.

4. Die *politische Ordnung* war bis in die 1530er Jahre hinein sakral rückgebunden, weil der Bischof als der oberste Geistliche des Bistums zugleich das Amt des Landesherrn innehatte. Nachdem er über Jahrhunderte hinweg viele seiner Herrschaftsrechte an die Stadt und ihre (getauften) Bürger abgetreten hatte, bildete sich seit dem 15. Jahrhundert die städtische Zunftverfassung heraus, die den Bürgern die Wahl ihrer zünftischen Repräsentanten ermöglichte, welche sich als politisches Gegengewicht zum bischöflichen Landesherrn im Sinne des städtischen Gemeinwohls verstanden und engagierten. Der entsprechend der Zunftverfassung agierende und ausschließlich mit ‚Laien' besetzte städtische Rat beanspruchte schließlich sogar die Entscheidungskompetenz in Angelegenheiten der Religion. Er konnte die Vertreter des altgläubigen Sakralisierungskonzeptes teilweise entmachten, um in der Folge zuerst dem neugläubigen, später dem täuferischen Sakralisierungskonzept den Weg zu bereiten.

Genauerhin ist folgende Entwicklung zu resümieren: Nachdem der laikal besetzte Rat die heilsmittlerische Instanz von Bischof (und Priestern) an den Rand gedrängt, die evangelischen Prädikanten eingesetzt und schließlich das Täufertum anerkannt hatte, wurde er von den täuferischen Autoritäten – aus der Perspektive der Altgläubigen wiederum Laien – abgeschafft. An die Stelle von Bischof und Rat trat der Prophet und König als neuer Heilsmittler, der seine Herrschaft zuerst auf ihm göttlich geoffenbarte „Zwölf

Älteste", alsdann auf ihm geoffenbarte Funktionsträger innerhalb seines Hofstaates stützte. Damit war an die Stelle der bischöflichen Heilsmittlerschaft neuerlich eine himmlische Heilsmittlerschaft, überdies – und derlei war beispiellos – eine göttlich geoffenbarte städtische Herrschaftsordnung getreten; freilich war das täuferische Königtum nicht durch apostolische Sukzession, sondern mit Hilfe des innerweltlich nicht weiter nachprüfbaren Anspruchs besonderer Gottunmittelbarkeit durch Prophetie und Offenbarung legitimiert.

5. Nicht zuletzt ergeben sich für die Stadt Münster zwischen 1531 und 1535 Einsichten unter einem geschlechterspezifischen Horizont. Im Rahmen des altgläubigen Sakralisierungskonzeptes stand den *Frauen* die Möglichkeit offen, sich entweder einer geistlichen Gemeinschaft anzuschließen oder eine Rolle als Ehefrau und Mutter wahrzunehmen. Während der in Münster zeitlich nur kurzen neugläubigen Phase veränderte sich diese Situation insofern, als Martin Luther es Frauen aufgrund seiner Kritik an den klösterlichen Gelübden ermöglichte, die geistlichen Gemeinschaften zugunsten eines Lebens ‚in der Welt' zu verlassen. So verharrte man in Münster während der reformatorischen Phase weiter dabei, dass ebenso wie im Rat auch im Predigeramt die Männer das Wort hatten.

Während die Frauen in der ersten Phase der Täuferherrschaft vereinzelt predigten[606], blieben insgesamt auch unter den Täufern die Männer im öffentlichen Leben gegenüber den Frauen tonangebend und gehorsamsfordernd[607]. Frauen fanden sich weder unter den „Zwölf Ältesten" noch unter den maßgeblichen Propheten oder unter den Mitarbeitern am königlichen Hof. Gleichfalls ist nicht zu übersehen, dass die Frauen auch die ‚Leidtragenden' der täuferischen Polygamie-Vorschriften waren; denn sie sahen sich gezwungen, sich *einem* Mann ehelich zu unterstellen, wohingegen es ihnen selbst verboten war, zwei Ehemänner zu heiraten[608].

6. Eine für alle Phasen der Entwicklung in Münster zentrale Vorstellung liegt in der Grundüberzeugung, dass irdisches Fehlverhalten *göttliche Strafe* nach sich zieht, wohingegen menschliches Wohlverhalten göttliche Wohlfahrt für den Einzelnen und die Gemeinschaft zur Folge hat[609]. Diese für die abendländisch-mittelalterliche Welt typische Grundüberzeugung, hinter der die ideale Auffassung von dem zu wahrenden kosmischen Gleichgewicht zwischen Himmel und Erde steht, prägte das Ringen um die innerstädtische Einigkeit in religiösen und sozialen Belangen auch in Münster am Übergang vom Spätmittelalter zur Frühneuzeit.

Ausdrücklich spricht Heinrich R. Schmidt vom „Gotteszorn" als „Essential der reformatorischen Bewegung" und einem „bislang wenig beachteten Orientierungspunkt" dieser Initiative[610]. Mit dem Aufkommen der reformatorischen Bestrebungen in Münster begann sich für die Akteure im Dienste sowohl des altgläubigen als auch des neugläubigen Heiligungskonzeptes gleichermaßen die Frage zu stellen, bis zu welchem Grade der innerstädtischen Uneinigkeit der göttliche Vater die Stadt vor seinem Zorn bewahrte; denn immerhin vertrauten Altgläubige wie Neugläubige darauf, dass Gott selbst die Idealität der von ihm gewünschten Einigkeit versinnbildlichte.

Die Überzeugung von der notwendigen religiösen Einheit innerhalb der Stadt, die allein die rechte Antwort auf die Einheit in Gott sein konnte und vor himmlischem Zorn bewahrte, machten auch die Täufer zu ihrer Sache, einerlei, ob sie einen täuferkritischen Schmied ‚sicherheitshalber' am Leben ließen[611]; ob sie ihrer Überzeugung Ausdruck verliehen, dass Gott selbst seine Feinde (und damit der Täufer Feinde) in die Flucht schlüge[612] oder ob sie schwankten zwischen dem wehrlosen Ausharren in der Stadt als gottgewollter Prüfung[613] und der mutigen (allerdings dem urgemeindlichen Ideal zuwiderlaufenden) militärischen Gegenwehr als Ausdruck des göttlichen Willens. Freilich sahen die Täufer die innerstädtische religiöse Einheit, die seit 1531 weder unter dem Vorzeichen des altgläubigen noch unter dem Horizont des neugläubigen Heiligungskonzeptes gelungen war, als derart dringlich an, dass sie diese *unitas* gewaltsam – wie sie sagen: „heiligend" – zustande brachten.

Die Einordnung des Täuferreiches in die diachrone Entwicklungsgeschichte sowohl des abendländisch-christlichen Religions- und Soziallebens im Allgemeinen als auch der Stadtgeschichte von Münster im Besonderen führt zu dem Ergebnis, dass die Täufer die im neugläubigen Heiligungskonzept stark gemachte und von ihnen anfänglich aufgenommene Individualisierung, Verinnerlichung und Ethisierung von Heiligkeit nicht durchzuhalten vermochten. Schärfer gesagt: Im Letzten führte das täuferische Streben nach Verinnerlichung zu einem Täufertum, das sich als exklusiver ‚Gottesstaat' verstand: auf himmlisch erwähltem und sakral ausgestaltetem Boden, in heilig geglaubter Zeit, mit einem priesterlich verstandenen Königtum, auf der Basis eines göttlich geoffenbarten (zuletzt gewaltsam durchgesetzten Rechts) und mitgetragen durch visionär approbierte Amtsträger. All diese weitreichenden Neuerungen – so ist zu unterstreichen – wurden erst möglich durch die Zustimmung der täuferischen Gemeinde von Münster, also näherhin durch die alltagskonkrete Bejahung der öffentlichwirksam vorgetragenen Prophetien. In der theokratischen Ausgestaltung des Täufertums waren die Täufer von Münster – zumindest in ihrer Endphase – damit der Zeit freilich nicht voraus, sondern dieser vielmehr hinterher. Entsprechend ist die neuzeitliche Berufung auf das münsterische Täufertum durch kommunistisch, nationalsozialististisch oder demokratisch gesinnte Bewegungen auch in diesem – bislang nicht gesehenen – Sinne unhistorisch.

Genau genommen legt die Antwort auf die Frage, ob das Täuferreich im Namen des Heiligen einen Rückschritt in Richtung abendländisch-frühmittelalterlicher Denk- und Lebensgewohnheiten veranschaulicht, eine abschließende Rückbesinnung auf den frühmittelalterlichen Schriftsteller und Bischof Gregor von Tours († 594) nahe; denn auch Gregor – wie übrigens viele andere Autoren zwischen dem 6. und 10. Jahrhundert – kommt im Rahmen seiner Theologie mit „nur wenigen Grundgedanken" aus: „Gott – wie gleichermaßen Christus – ist der Übermächtige, der unausgesetzt und unmittelbar auf Menschen und Welt einwirkt. Geschichte ist Handeln Gottes durch Menschen. Dabei folgt auf jedes Tun in konsequenter Entsprechung das Ergehen."[614] Ebenso wie Gregor die antike, auf die ethische Praxis bezogene Christlichkeit durch eine „sinnlich-handgreifliche, stark emotionelle, ‚volkstümliche Auffassung des christlichen Glaubens ersetzte'"[615], so lässt sich auch bei den Täufern eine derartige Bewegung, aufgipfelnd im Priesterkönig mit seinem Hofstaat und Herrscherkult erkennen.

2. Ausblick: Ende des Täufertums – Beginn der Rekatholisierung in Münster

Vor dem Hintergrund, dass es den Altgläubigen, den Neugläubigen und den Täuferischen um die jeweilige Ausgestaltung des Heiligen gegangen war, konnte mit der alltagspraktischen Umsetzung des Trienter Konzils im Bistum Münster – freilich in scharfer Abgrenzung vom lutherischen und täuferischen Sakralisierungskonzept – noch im 16. Jahrhundert begonnen werden. Immerhin knüpfte das Hauptanliegen der Konzilsväter, die ‚Sazerdotalisierung' des christlichen Lebens, an das in Münster durch Katholiken, Luthe-

Der Prinzipalmarkt in Münster mit der Lambertikirche. Die Aufnahme entstand vor der im Jahre 1871 begonnenen Restauration und der Errichtung eines neuen Kirchturms nach dem Vorbild des Freiburger Münsters. Oben am Turm befinden sich die drei Eisenkörbe.

raner und Täufer betriebene Ringen um das Heilige an[616]. Während sich Martin Luther und die Täufer keinesfalls am „Vorabend der Moderne", sondern vielmehr „am Ende der Zeiten" gesehen hatten[617], ja man beiderseits vom „scharfen Bewusstsein für die tickende Uhr" geprägt gewesen war[618], taten sich mit der Überwindung des Täuferreiches in Münster sowohl religiös als auch sozial neuartige Gestaltungsräume auf.

ANMERKUNGEN

I. Kapitel

1 Zuletzt SCHUPP, „Ein Echo für jegliche Frage…“, S. 76–91.
2 Dazu umfassend SCHUPP, Zwischen Faszination und Abscheu, S. 112–225.
3 KIRCHHOFF, Das Phänomen des Täuferreichs zu Münster, S. 328f.
4 Dazu umfassend LUTTERBACH, Der Weg in das Täuferreich von Münster, S. 15–20.
5 KIRCHHOFF, Die Täufer in Münster 1534/35. Im Anschluss daran auch VAN DÜLMEN, Reformation als Revolution.
6 SCHILLING, Aufstandsbewegungen, S. 193–238; KURATSUKA, Gesamtgilde und Täufer, S. 231–270; KLÖTZER, Täuferherrschaft.
7 LENTES, Die Deutung des Scheins, S. 20f.
8 EBERHARD, Die Krise des Spätmittelalters, S. 303–319.
9 OBERMANN, Fourteenth-Century Religious Thought, S. 80–93.
10 RAPP, L'église et la vie religieuse, S. 287.
11 ELM, Reformbemühungen.
12 LOHSE, Die bleibende Bedeutung, S. 350.
13 BOOCKMANN, Das 15. Jahrhundert, S. 506.
14 SCHILLING, ‚Vita religiosa‘ des Spätmittelalters, S. 787.
15 Ebd. S. 790.
16 HAMM, Frömmigkeit als Gegenstand, S. 477.
17 ANGENENDT, Geschichte der Religiosität, S. 31–88, bes. S. 87f. („Tausend Jahre Mittelalter“).
18 Zur Gesamtkonzeption s. das Werk von ANGENENDT, Geschichte der Religiosität.
19 OLSCHEWSKI, Reformatorische Kritik, S. 137–140; HALLER, Humanismus und Buchdruck, S. 141–188.
20 KIRCHHOFF, Das Phänomen des Täuferreichs zu Münster, S. 325. Auflistung der entsprechenden Arbeiten ebd. S. 328.
21 Dieses Desiderat übergeht auch KLÖTZER, Herrschaft und Kommunikation, S. 326–345.
22 Zur Ereignisgeschichte des Täuferreiches s. LAHRKAMP, Das Drama der „Wiedertäufer“, S. 9–49.

II. Kapitel

23 Brady, Zwischen Gott und Mammon, S. 24.
24 Ebd.
25 Dazu umfassend Schilling, Die Stadt in der frühen Neuzeit, S. 2–20.
26 Isenmann, Die deutsche Stadt im Spätmittelalter, S. 31, Anm. 12.
27 Ebd. S. 30f.
28 Ebd. S. 29–31.
29 Scholz, Das Spätmittelalter, S. 454; Details bei Klötzer, Für ewige Zeiten?, S. 351–410; Black, Die Speckpfründe Lamberti, S. 26–29. Zuletzt auch Crabus, Fürsorge und Herrschaft, S. 16, S. 46f. und S. 367–373.
30 Desiderius von Rotterdam an Paul Volz, Basel (14.8.1518), in: Allen – Allen (Hrg.), Opera Desiderii 3, S. 376, Nr. 858, Z. 561.
31 Ehbrecht, Rat, Gilden und Gemeinde, S. 98f.
32 Balzer, Frühe Stadtbildung in Westfalen, S. 12 spricht von der „Gestaltung ‚sakraler Landschaften'". Ebd. auch S. 3–5 und S. 14.
33 Ebd. S. 93; Kartenabbildung bei Kirchhoff, Klöster und Konvente, S. 555.
34 Ausgezeichnete Gesamtübersicht bei Prinz, Mimigernaford – Münster, Abb. 15.
35 Ebd.
36 Dazu Johanek, Die Täufer, die Stadt und der Bischof, S. 71–73.
37 Angenendt, Heilige und Reliquien, S. 102–122.
38 Ebd. S. 190.
39 Ebd.
40 Zur Tradition dieser Vorstellung s. umfassend Sternberg, Orientalium more secutus, bes. S. 287.
41 Becker, Art. Kapitel I. (Dom- und Stiftskapitel), Sp. 938–939.
42 Lageplan der geistlichen Gemeinschaften bei Kirchhoff, Klöster und Konvente, S. 557.
43 Puza, Art. Kollegiatkirche/Kollegiatstift, Sp. 1253 (insges.).
44 Becker, Art. Kapitel I. (Dom- und Stiftskapitel), Sp. 938.
45 Zur Baugeschichte s. Poeschke, St. Mauritz, S. 94–114.
46 Herkt, Art. Münster – Kollegiatstift St. Mauritz, S. 39–45.
47 Dorn, Art. Münster – Deutscher Orden, S. 68–71.
48 Hengst, Art. Münster – Johanniter, S. 71–74.
49 Schütte, Art. Münster – Minoriten, S. 74–80.
50 Kirchhoff, Die Anfänge des Fraterhauses zu Münster, S. 9–36.
51 Kirchhoff, Die Entstehung des Fraterhauses „Zum Springborn" in Münster, S. 139–168.

52 Schauerte, Alexander Hegius, S. 53.
53 Kirchhoff, Art. Münster – Fraterherren, S. 80–85.
54 Angenendt, Das Offertorium, S. 71–150.
55 Zur Baugeschichte s. Poeschke, Liebfrauen-Überwasser, S. 163–172.
56 Klueting, Art. Münster – St. Marien Überwasser, S. 59.
57 Grieser, A Tale of Two Convents, S. 45.
58 Kohl, Art. Münster – Zisterzienserinnen, S. 64–68.
59 Manselli, Art. Beg(h)inen, Sp. 1799.
60 Kohl, Art. Münster – Beginenhaus Rosental, S. 125.
61 Ebd.
62 Kohl, Art. Münster – Beginenhaus Hofringe, S. 132–134.
63 Kirchhoff, Klöster und Konvente, S. 553f.; dazu auch Grieser, A Tale of Two Convents, S. 35.
64 Zuhorn, Die Beginen in Münster, S. 1–149.
65 Lahrkamp, Art. Münster – Beginenhaus Ringe, S. 127–131.
66 Dazu überregional und grundlegend Obermann, Spätscholastik, S. 56–71.
67 Hanschmidt, Stifte und Klöster, S. 212.
68 Hardtwig, Genossenschaft, Sekte, Verein, S. 70–158.
69 Goertz, Brüderlichkeit, S. 164.
70 Angenendt, Geschichte der Religiosität, S. 594.
71 Goertz, Brüderlichkeit, S. 164.
72 Weigand, Art. Bruderschaft 1 (Entstehung), Sp. 738–739; Hergemöller, Art. Bruderschaft 3 (Bruderschaften und Stadt), Sp. 739–740.
73 Zum Kontext s. Freitag, Rat und Bürgerschaft, S. 282f. und S. 287f.
74 Schmidt, Bundestheologie, S. 320f. („coniuratio als Produkt der Abendmahlsverbrüderung“).
75 Hergemöller, Art. Bürgereid, Sp. 1042 (insges.).
76 Ehbrecht, Rat, Gilden und Gemeinde, S. 107.
77 Zur Anzahl der Ratsherren s. ebd. S. 111.
78 Zur Bezeichnung ‚Patrizier‘ s. ebd. S. 113.
79 Hsia, Münster and the Anabaptists, S. 62.
80 Ehbrecht, Rat, Gilden und Gemeinde, S. 114.
81 Kirchhoff, Die Erbmänner und ihre Höfe in Münster, S. 54.
82 Hsia, Münster and the Anabaptists, S. 66 (eigene Übersetzung).
83 Kirchhoff, Gesamtgilde und Gemeinheit, S. 236.
84 Johanek, Die Täufer, die Stadt und der Bischof, S. 73–75.
85 Ehbrecht, Rat, Gilden und Gemeinde, S. 125.

86 Altekamp, Münster, S. 43.
87 Kirchhoff, Die Unruhen in Münster/Westf., S. 163f.
88 Zu diesen innerstädtischen ‚Konfliktwellen' s. Hergemöller, Gesellschaftliche Veränderungen, S. 51f.
89 Zu den spätmittelalterlichen Wurzeln des Antiklerikalismus s. Goertz, Aufstand gegen den Priester, S. 185.
90 Scribner, Antiklerikalismus in Deutschland um 1500, S. 369; Brady, Communities, Politics and Reformation in Early Medieval Europe, S. 207–251.
91 Niesert (Hrg.), Beiträge, S. 111–156; auch Kerssenbrock, hrg. v. Detmer, S. 141–150.

III. Kapitel

92 Laubach, Reformation und Täuferherrschaft, S. 153.
93 Schröer, Die Reformation in Westfalen 2, S. 23–41.
94 Ebd. 1, S. 292–314.
95 Ebd. 1, S. 353–411.
96 Ebd. 1, S. 343–353.
97 Peters, Vom Humanismus zum Täuferreich, S. 133–135; ebd., S. 95–132 zu Bernhard Rothmanns (täuferischen) Alleingängen im Bereich der Abendmahlslehre.
98 Gresbeck, Bericht, hrg. v. Cornelius, S. 6.
99 So Stupperich, Die Schriften Bernhard Rothmanns, S. XIII („Einleitung").
100 Hamm, Von der spätmittelalterlichen reformatio, S. 78.
101 Klagezettel gegen Bernhard Rothmann, ed. Stupperich, S. 52f.
102 Leppin, Art. Schnepf, Erhard, S. 234.
103 Deppermann, Melchior Hoffman. Soziale Unruhen, S. 143.
104 Moeller, Art. Capito, Wolfgang, Sp. 932.
105 Lienhard, Art. Capito, Wolfgang, S. 637.
106 Freitag, Die Reformation in Westfalen, S. 85.
107 Gresbeck, Bericht, hrg. v. Cornelius, S. 6.
108 Lehre von Bernhard Rothmann vor der Stadt, ed. Stupperich, S. 64–77. Das lateinische Original ist nicht mehr vorhanden. Eine niederdeutsche Fassung

(Fragment ebd. S. 64–68) war die Vorlage für Kerssenbrocks lateinische Wiedergabe. Zum Kontext s. PETERS, Um was ging es der Reformation?, S. 91–95.

109 BRECHT, Die Theologie Bernhard Rothmanns, S. 53–57, Zitat S. 57.

110 MÖLLER, Zwinglis Disputationen, S. 37–51 und S. 179–182.

111 Lateinische Version der Lehre von Bernhard Rothmann vor der Stadt Münster, ed. STUPPERICH, Schriften Rothmanns, S. 68.

112 Gresbeck, Bericht, hrg. v. CORNELIUS, S. 10f.

113 KIRCHHOFF, Gilde und Gemeinheit, S. 171.

114 KLÖTZER, Täuferherrschaft, S. 28.

115 Eingabe der Gemeinde an die Olderlude (a. 1532), ed. STUPPERICH, S. 81f.

116 Ebd. S. 83.

117 Ebd. S. 85.

118 Brief von Bernhard Rothmann an Gerhard Cotius (18.2.1532), ed. STUPPERICH, S. 26f.

119 Brief des Franz von Waldeck (28.6.1532), in: Kerssenbrock, hrg. v. DETMER, S. 213f.

120 Ebd. S. 213–216.

121 KIRCHHOFF, Gilde und Gemeinheit, S. 173f.

122 Brief Rothmanns an Erhard Schnepf (16.7.1532), ed. STUPPERICH, S. 32–34.

123 Kerssenbrock, hrg. v. DETMER, S. 230f.

124 SCHMIDT, Reichsstädte, S. 121.

125 Ebd. S. 229f.

126 Bernhard Rothmann, Korte Anwisunge der Missbruch der romischen Kerken, ed. STUPPERICH, S. 58f.

127 BRECHT, Die Theologie Bernhard Rothmanns, S. 61.

128 Ebd. S. 61.

129 LUTTERBACH, Der Weg in das Täuferreich, S. 91.

130 KLÖTZER, Täuferherrschaft, S. 34.

131 STUPPERICH, Dr. Johann von der Wyck, S. 16.

132 Kerssenbrock, hrg. von DETMER, S. 278–280.

133 Ebd. S. 275–278.

134 Ebd. S. 296f.

135 KIRCHHOFF, Gilde und Gemeinheit, S. 174.

136 Kerssenbrock, hrg. v. DETMER, S. 339–343.

137 Ebd. S. 341–343.

138 Ebd. S. 354f.; auch ebd. S. 358f.

139 Der Vertragstext findet sich bei STUPPERICH, Dr. Johann von der Wyck. S. 36–41; auch Kerssenbrock, hrg. v. DETMER, S. 374–379 (Vertragstext).

140 Ebd. S. 374 („leges pacis“).

141 Ebd. S. 375; dazu auch KLÖTZER, Täuferherrschaft, S. 200.

142 LUEBKE, Koexistenz um des Stadtfriedens willen, S. 311, der

zahlreiche Gegenbeispiele für das 16. Jahrhundert anführt.
143 Titel von HEINRICH DETMER, Herausgeber von Kerssenbrocks Wiedertäufergeschichte.
144 Rothmann, Succinctum municipalium, ed. STUPPERICH, S. 127.
145 Ebd.
146 Ebd. S. 127f.
147 Ebd. S. 128.
148 Ebd. Dazu s. auch FREITAG, Die Reformation in Westfalen, S. 119.
149 Ebd.
150 Ebd.
151 Ebd. S. 128f.
152 Evangelische Zuchtordnung der Stadt Münster, hrg. v. CORNELIUS, Geschichte des Münsterischen Aufruhrs 2, S. 320–327.
153 KLUGE, Kirchenordnung, S. 225.
154 Wydderantwort, ed. STUPPERICH, Schriften Rothmanns, S. 129–138.
155 Ebd. S. 131f.; dazu BAKKER, Civic Reformer, S. 199f.
156 Wydderantwort, ed. STUPPERICH, S. 133.
157 Ebd. S. 133–135.
158 Ebd.
159 KLÖTZER, Täuferherrschaft, S. 48f.
160 Kerssenbrock, hrg. v. DETMER, S. 435f.
161 FREITAG, Die Reformation in Westfalen, S. 130.
162 GOERTZ, Pfaffenhaß und groß Geschrei, S. 43 und S. 197.
163 Ebd. S. 43.
164 Ebd.
165 Bekenntnis von beiden Sakramenten, Vorwort („De voerrede"), ed. STUPPERICH, S. 139–195.
166 Ebd. S. 174.
167 Ebd. S. 192f. (alle zuvor genannten Zitate)
168 BRECHT, Die Theologie Bernhard Rothmanns, S. 72f.; auch BAKKER, Civic Reformer, S. 86f.

IV. Kapitel

169 LAUBACH, Reformation und Täuferherrschaft, S. 172.
170 Dazu s. auch KAUFMANN, Die Täufer, S. 51–60.
171 DEPPERMANN, Melchior Hoffman. Soziale Unruhen, S. 26.
172 DEPPERMANN, Melchior Hoffmans Weg, S. 180f.
173 Ebd. S. 185–189.
174 Ebd. S. 189.
175 DEPPERMANN, Melchior Hoffman und Thomas Müntzer, S. 45.

176 Hoffman, Daniel g1b–g2a und g4a; dazu auch DEPPERMANN, Melchior Hoffman und Thomas Müntzer, S. 42.
177 Hoffman, Daniel b1b; zur Erwachsenentaufe s. DEPPERMANN, Melchior Hoffman. Soziale Unruhen, S. 191–193.
178 Hoffman, Daniel b2b–b3a; f2b; dazu DEPPERMANN, Melchior Hoffman und Thomas Müntzer, S. 45.
179 TANNEBERGER, Die Vorstellung der Täufer von der Rechtfertigung, S. 216.
180 DEPPERMANN, Melchior Hoffman. Soziale Unruhen, S. 208–212; zu den mittelalterlichen Wurzeln der Christusgeburt in der Seele s. LUTTERBACH, Gotteskindschaft, S. 96–103.
181 Hoffman, Die Ordonnantie Godts, S. 150 und S. 155f.
182 DEPPERMANN, Art. Hoffman, S. 472; mit weiteren Differenzierungen s. TANNEBERGER, Die Vorstellung der Täufer von der Rechtfertigung, S. 208–216, bes. S. 217; auch FRIESEN, Erasmus, S. 106.
183 Bernd Knipperdollinck, Bekenntnis (21.1.1536), hrg. v. CORNELIUS, S. 403.
184 Im Hintergrund steht die Kombination der Schriftstellen Ez 9,4–6 und Offb 7,3. Zur Tradition des „Tau" s. PACKULL, The Sign of Thau, S. 363–374.
185 MELLINK, The Mutual Relations, S. 32.
186 Aussage des Bernd Knipperdollinck (25.7.1535), hrg. v. NIESERT 1, S. 189. Mit Blick auf die Verhör-Aussagen der Täufer Jan van Leiden, Bernd Knipperdollinck und Bernd Krechting grundlegend KLÖTZER, Die Verhöre, S. 145–172.
187 So die Aussage von Bernd Knipperdollinck (25.7.1535), hrg. v. CORNELIUS, S. 378; dazu KOHL, Heinrich Roll, S. 186.
188 Aussage des Jan van Leiden (25.7.1535), hrg. v. CORNELIUS, S. 417.
189 Aussage des Jacob von Osnabrück (28.2.1534), hrg. v. NIESERT, S. 161f.
190 KLÖTZER, Täuferherrschaft, S. 60.
191 Ebd. S. 57.
192 Ebd. S. 58.
193 TSCHUSCHKE, Reformation und Täufer im Westmünsterland, S. 259–264 („Das münsterische Täufertum und seine Verbindung zum Westmünsterland").
194 Bernhard Rothmann, Restitution 18, ed. STUPPERICH, S. 280.
195 Bericht des Hermann Ramert, hrg. v. DETMER, S. 97–99.

196 Ebd. S. 99.
197 Abgedruckt bei WAPPLER, Die Täuferbewegung in Thüringen, S. 268f. (Täuferakten Württemberg Nr. 1 und 2).
198 Neue und vollständige Sammlung der Reichstagsabschiede, Bd. 2, Frankfurt a. M. 1747, S. 294.
199 KOHNLE, Reichtstag und Reformation, S. 303f. und S. 369.
200 LAUBACH, Reformation und Täuferherrschaft, S. 177.
201 KLÖTZER, Täuferherrschaft, S. 62.
202 Aussage des Jacob von Osnabrück (28.2.1534), hrg. v. NIESERT, S. 165.
203 Bericht des Hermann Ramert, hrg. v. DETMER, S. 105f.
204 Aussage des Jacob von Osnabrück (28.2.1534), hrg. v. NIESERT, S. 165.
205 KIRCHHOFF, Die Endzeiterwartung, S. 32–34.
206 Aussage des Jacob von Osnabrück (28.2.1534), hrg. v. NIESERT, S. 157.
207 Ebd. S. 155f.
208 Ebd.
209 KIRCHHOFF, Himmelserscheinungen, S. 10–13; auch KIRCHHOFF, Die Endzeiterwartung, S. 19–42.
210 Aussage des Jacob von Osnabrück (28.2.1534), hrg. v. NIESERT, S. 157.
211 KLÖTZER, Täuferherrschaft, S. 67.
212 Dazu detailliert KIRCHHOFF, Gab es eine friedliche Täufergemeinde in Münster 1534, S. 19.
213 Chronik des Schwesternhauses Niesinck, hrg. v. CORNELIUS, S. 430f.
214 Ernst Herzog zu Lüneburg an Kurfürst Johann Friedrich (11.5.1534), hrg. v. CORNELIUS, S. 232.
215 Kerssenbrock, hrg. v. DETMER, S. 519.
216 LAUBACH, Reformation und Täuferherrschaft, S. 180.
217 KLÖTZER, Täuferherrschaft, S. 203 tendiert zu der Meinung, dass es sich bei dem Propheten nicht um Jan Mathijs, sondern um Jan van Leiden handelte.
218 Gresbeck, Bericht, hrg. v. CORNELIUS, S. 18.
219 Ebd. S. 21f.
220 Ebd. S. 23 und S. 28.
221 KIRCHHOFF, Gab es eine friedliche Täufergemeinde in Münster 1534, S. 21.
222 Ebd.
223 Aussage des Johann Klopriß (29.1.1535), hrg. v. NIESERT, S. 133.
224 Bericht des Hermann Ramert, hrg. v. DETMER, S. 106; auch Gresbeck, Bericht, hrg. v. CORNELIUS, S. 17f.

225 Dazu s. unten ausführlich.
226 Gresbeck, Bericht, hrg. v. CORNELIUS, S. 158.
227 Aussage des Bernhard Krechting vom 20.1.1536, hrg. v. CORNELIUS, S. 405.
228 Kerssenbrock, hrg. v. DETMER, S. 532f.
229 So Gresbeck, Bericht, hrg. v. CORNELIUS, S. 19ff.; Bernhard Rothmann, Restitution 18, ed. STUPPERICH, S. 282; Aufzeichnung wahrscheinlich des Münsteraner Bürgers Hermann Ramert unter dem Titel „Vor eyne gedechtnisse", hrg. v. DETMER, S. 107.
230 KIRCHHOFF, Die Häuser der Wiedertäufer in Münster 1535, S. 140.
231 Dazu LAUBACH, Jan Mathys, S. 148f.
232 MELLINK, The Mutual Relations, S. 18–20.
233 LAUBACH, Jan Mathys, S. 149.
234 KIRCHHOFF, Die Täufer in Münster 1534/35, S. 24f.
235 LAUBACH, Jan Mathys, S. 150.
236 MELLINK, Amsterdam en de wederdopers, S. 6–13 und S. 362–366.
237 KLÖTZER, Täuferherrschaft, S. 84.
238 Zu den Münzen im Täuferreich s. SCHNELL, Martin Luther, S. 51f. und S. 131–134.
239 KLÖTZER, Täuferherrschaft, S. 81.
240 Gresbeck, Bericht, hrg. v. CORNELIUS, S. 32.
241 Ebd. S. 79, auch S. 32.
242 HAAS, Die Täuferkirchen des 16. Jahrhunderts, S. 457.
243 KIRCHHOFF, Das erste Kupfergeld in Münster 1532, S. 171.
244 Gresbeck, Bericht, hrg. v. CORNELIUS, S. 47.
245 Zur Gütergemeinschaft s. BRENDLER, Das Täuferreich zu Münster 1534/35, S. 115–126.
246 KLÖTZER, Täuferherrschaft, S. 69.
247 Gresbeck, Bericht, hrg. v. CORNELIUS, S. 13.
248 KLÖTZER, Täuferherrschaft, S. 69.
249 Zu den Detailumständen s. Gresbeck, Bericht, hrg. v. CORNELIUS, S. 28f., S. 31f. und S. 39f.
250 Ebd. S. 23–27.
251 Dazu LIST, Chiliastische Utopie, S. 202f.
252 SCHREINER, Die mittelalterliche Stadt in Webers Analyse, S. 133.
253 Gresbeck, Bericht, hrg. v. CORNELIUS, S. 46f.; auch Bekenntnis von Bernd Knipperdollinck (21.1.1536), hrg. v. CORNELIUS, S. 408.
254 ALBERT, Die geistliche Rechtsprechung, S. 179 und S. 193.
255 Ebd.
256 KLÖTZER, Hoffnungen auf eine andere Wirklichkeit, S. 161.

257 Kerssenbrock, hrg. v. DETMER, S. 562.
258 Gresbeck, Bericht, hrg. v. CORNELIUS, S. 39f. Zu den möglichen Motivationen des Jan Mathijs s. LUTTERBACH, Der Weg in das Täuferreich von Münster, S. 131f.
259 KLÖTZER, Täuferherrschaft, S. 85.
260 KLÖTZER, Hoffnungen auf eine andere Wirklichkeit, S. 164f.
261 Aussage des Jan van Leiden (25.7.1535), hrg. v. CORNELIUS, S. 370.
262 Ebd.; dazu auch NIESERT, Urkundensammlung, S. 175f.
263 BAKKER, Civic Reformer, S. 243f. und S. 247–250.
264 PRINZ, Bernd Knipperdollinck und seine Sippe, S. 108; BAKKER, Civic Reformer, S. 251f.
265 CUNNINGHAM – Grell, The Four Horsemen of the Apocalypse, S. 42f.
266 OER, Das Täuferreich von Münster und die Frauen, S. 411.
267 LAUBACH, Reformation und Täuferherrschaft, S. 189.
268 Verhörprotokoll des Johann Klopriß (29.1.1535), hrg. v. NIESERT, S. 20f. und Aussage des Dionysius Vinne (Okt. 1534), hrg. v. CORNELIUS, S. 275 sowie Gresbeck, Bericht, hrg. v. CORNELIUS, S. 35f.
269 Zum Verhältnis „Sozialkontrolle – Reformation" s. umfassend SCRIBNER, Sozialkontrolle, S. 57–65.
270 Die Ordnung, hrg. v. GEISBERG, S. 244 und S. 248; Kerssenbrock, hrg. v. DETMER, S. 583 und S. 585.
271 Die Ordnung, hrg. v. GEISBERG, S. 248f.
272 Ebd. S. 243–246.
273 LAUBACH, Reformation und Täuferherrschaft, S. 190.
274 Ebd.
275 Gresbeck, Bericht, hrg. v. CORNELIUS, S. 12.
276 Ebd. S. 12f. Zum Friedenskuss auch ebd. S. 11f.
277 Zur Herleitung dieser Maßnahme s. STUPPERICH, Schriften Rothmanns, S. 264; Gresbeck, Bericht, hrg. v. CORNELIUS, S. 59.
278 Aussage des Jan van Leiden (25.7.1535), hrg. v. CORNELIUS, S. 372; Gresbeck, Bericht, hrg. v. CORNELIUS, S. 74–79.
279 Kerssenbrock, hrg. v. DETMER, S. 613.
280 Dazu s. kontextualisierend WOLGAST, Herrschaftsorganisation, S. 556–558.
281 Gresbeck, Bericht, hrg. v. CORNELIUS, S. 82.
282 Ebd. S. 83–85.

283 Laubach, Reformation und Täuferherrschaft, S. 197.
284 Kauder-Steiniger, Täuferinnen – Opfer oder Heldinnen?, S. 35–37.
285 Gresbeck, Bericht, hrg. v. Cornelius, S. 90f.
286 Ebd. S. 91f. Dazu s. u. ausführlich.
287 Ebert, Restitution, S. 167.
288 Bernhard Rothmann, Restitution, ed. Stupperich, S. 208–284. Zu den biblischen Wurzeln der „Restitution" s. Meihuizen, The Concept of Restitution, S. 151.
289 List, Chiliastische Utopie, S. 213.
290 Bernhard Rothmann, Restitution 17, ed. Stupperich, S. 270–276; dazu auch Meihuizen, The Concept of Restitution, S. 154f.; unter Ausdeutung von Joh 20,1–10 auch List, Chiliastische Utopie, S. 9.
291 Gresbeck, Bericht, hrg. v. Cornelius, S. 111f.; zur konfessionellen Entwicklung in Coesfeld s. Kirchhoff, Das Ende der lutherischen Bewegung, S. 43–68, mit Blick auf das Täufertum s. S. 68.
292 Aussage des Dionysius Vinne (Okt. 1534), hrg. v. Cornelius, S. 274. Gegenüber dem täuferischen Anspruch auf die Weltherrschaft skeptisch s. Kirchhoff, Das Phänomen des Täuferreichs zu Münster, S. 399–401; erläuternd dazu Stayer, Unsichere Geschichte, S. 72f.
293 Gresbeck, Bericht, hrg. v. Cornelius, S. 103f.; dazu List, Chiliastische Utopie, S. 195 („Doppelgedanke der Sammlung und Expansion als leitendes Prinzip").
294 Gresbeck, Bericht, hrg. v. Cornelius, S. 108f. Dazu Klötzer, Hoffnungen auf eine andere Wirklichkeit, S. 165, Anm. 34.
295 Gresbeck, Bericht, hrg. v. Cornelius, S. 112.
296 Aussage des Dionysius Vinne (Okt. 1534), hrg. v. Cornelius, S. 277.
297 Dazu umfassend Kirchhoff, Die Besetzung Warendorfs 1534, S. 117–120.
298 Mellink, The Mutual Relations, S. 23–25; Mellink, De beginperiode, S. 35.
299 Bernhard Rothmann, Bericht von der Wrake, ed. Stupperich, S. 284–297.
300 Gresbeck, Bericht, hrg. v. Cornelius, S. 286.
301 Ebd. S. 156f.
302 Ebd. S. 154–156.

303 Ebd. S. 158–162.
304 Ebd. S. 163.
305 Schmidt, Reichsstädte, S. 174.
306 Aussage des Johann Kettel van Tiel (6.12.1534), hrg. v. Cornelius, S. 291.
307 Kirchhoff, Die Belagerung und Eroberung Münsters, S. 133–135.
308 Justianus von Holtzhusen, Bürgermeister der Stadt Frankfurt, an seinen Vater Hammann (29.5.1535), hrg. v. Cornelius, S. 343; mit Blick auf die hungernden Kinder s. Justianus von Holtzhusen, Bürgermeister der Stadt Frankfurt, an seinen Vater Hammann (21.5.1535), hrg. v. Cornelius, S. 334f.
309 Gresbeck, Bericht, hrg. v. Cornelius, S. 194–205.
310 Kirchhoff, Zwinger und Neuwerk, S. 99f.
311 Ebd. S. 102; Kirchhoff, Bodenfunde aus der Täuferzeit, S. 1; Kirchhoff – Pieper, Eine Stadtbesichtigung Münsters im Jahre 1570, S. 98f.
312 Kirchhoff, Zwinger und Neuwerk, S. 116.
313 Kirchhoff, Bodenfunde aus der Täuferzeit, S. 8.
314 Kirchhoff, Die Belagerung und Eroberung Münsters, S. 79f.
315 Ebd. S. 81.
316 Ebd. S. 82.
317 Ebd. S. 83.
318 Ebd. S. 84.
319 Kirchhoff, Die landständischen Schatzungen des Stifts Münster, S. 7–13.
320 Dazu Vogler, Von Orsoy nach Oberwesel, S. 79–110.
321 Po-Chia Hsia, Charisma and History, S. 63.
322 Gresbeck, Bericht, hrg. v. Cornelius, S. 205–208.
323 Ebd. S. 209.
324 Kirchhoff, Die Belagerung und Eroberung Münsters, S. 142.
325 Dazu erläuternd Kerssenbrock, hrg. v. Detmer, S. 849, Anm. 2.
326 Po-Chia Hsia, Gesellschaft und Religion in Münster, S. 14f. (Tabelle).
327 Zu den Umständen s. Kirchhoff, Die „Wiedertäufer-Käfige“, S. 10f.
328 Kirchhoff, Ebd. S. 15 (Abb. der Federzeichnung von Georg Berger, Contrafactur der Osnabrükker Bischöfe, a. 1607); grundsätzlich s. Schild, Alte Gerichtsbarkeit, S. 197–202.
329 Kirchhoff, Die „Wiedertäufer-Käfige“, S. 13; Schild, Alte Gerichtsbarkeit, S. 200, Abb. 445 und S. 218, Abb. 495.
330 Details bei Oer, Münster, S. 120; Po-Chia Hsia, Gesellschaft und Religion in Münster, S. 8f.
331 Ebd. S. 32.

V. Kapitel

332 JUSSEN – KOSLOFSKY, ‚Kulturelle Reformation', S. 13; auch LENTES, Die Deutung des Scheins, S. 22.
333 JUSSEN – KOSLOFSKY, ‚Kulturelle Reformation', S. 14f.
334 Ebd. S. 15; auch LENTES, Die Deutung des Scheins, S. 23.
335 JUSSEN – KOSLOFSKY, ‚Kulturelle Reformation', S. 26.
336 KLÖTZER, Art. Täufer, Täufertum, Sp. 1298f.
337 Ebd. Sp. 1299.
338 LUTTERBACH, Gotteskindschaft, S. 165f.; s. dazu maßgeblich Augustinus von Hippo, De peccatorum meritis et remissione et de baptismo parvulorum ad Marcellinum libri tres I 19,24, ed. CAROLUS URBA – JOSEPH ZYCHA (Corpus Scriptorum Ecclesiasticorum Latinorum 60) Wien – Leipzig 1913, S. 24.
339 JORDAHN, Der Taufgottesdienst im Mittelalter, S. 388.
340 Eingabe der Gemeinheit an die Olderlude (Jan. 1532), ed. STUPPERICH, S. 73.
341 FUGEL, Tauflehre, S. 240–253; HONG, Luthers Auseinandersetzung, S. 53–100, bes. S. 55f.
342 Bernhard Rothmann, Wydderantwort, ed. STUPPERICH, S. 133.
343 Johannes von Deventer, Christianae veritatis telum seu fidei catapulta 1, ed. STUPPERICH, Schriften von katholischer Seite, S. 51.
344 Ebd. S. 70–76.
345 Bernhard Rothmann, Brief an den Rat der Stadt Münster (17.9.1533), ed. STUPPERICH, S. 44.
346 Bernhard Rothmann, Wydderantwort, ed. STUPPERICH, S. 133f.
347 Bernhard Rothmann, Bekenntnis von beiden Sakramenten, ed. STUPPERICH, S. 169.
348 Bernhard Rothmann, Wydderantwort, ed. STUPPERICH, S. 134f.
349 Bernhard Rothmann, Bekenntnis von beiden Sakramenten, ed. STUPPERICH, S. 171.
350 Ebd. S. 172f.
351 Disputation vom 7./8.8.1533, ed. STUPPERICH, S. 99f.
352 Bernhard Rothmann, Bekenntnis von beiden Sakramenten, ed. STUPPERICH, S. 170.
353 Bernhard Rothmann, Wydderantwort, ed. STUPPERICH, S. 134f., Zitat S. 135.
354 Ebd. S. 134.
355 Ebd. S. 135.

356 Ebd.
357 Disputation vom 7./8.8. 1533, ed. Stupperich, S. 95.
358 Ebd. S. 110.
359 Ebd. S. 101.
360 Ebd. S. 105.
361 Ebd. S. 107.
362 Ebd. S. 109.
363 Aussage des Jan van Leiden (25.7.1535), hrg. v. Cornelius, S. 370.
364 Kirchhoff, Kerssenbrock oder Vruchter, S. 39–50.
365 Das Ketter-Bichtbok, ed. Stupperich, Schriften von katholischer Seite, S. 158, Z. 885f.
366 Spital, Der Taufritus in den deutschen Ritualien, S. 8.
367 Das Ketter-Bichtbok, ed. Stupperich, Schriften von katholischer Seite, S. 158, Z. 891.
368 Ebd. S. 159, Z. 923.
369 Ebd. S. 159, Z. 943.
370 Ebd. S. 159, Z. 911f.
371 Ebd. S.180, Z. 1741.
372 Ebd. S. 180, Z. 1737–1739.
373 Ebd. S. 180, Z. 1743.
374 Gresbeck, Bericht, hrg. v. Cornelius, S. 48.
375 Ebd.
376 Ebd.
377 Ebd. Z. B. S. 93, S. 94f. oder S. 102f.
378 Lutterbach, Gotteskindschaft, S. 243–251.
379 Rothmann, Bekenntnis von beiden Sakramenten, ed. Stupperich, S. 144.
380 Ebd. S. 144 und S. 147.
381 Rothmann, Epitome confessionis fidei, ed. Stupperich, S. 76 (eigene Übersetzung).
382 Rothmann, Korte Anwisung der missbruch der romischen kerken 14, ed. Stupperich, S. 59.
383 Ebd.
384 Ebd.
385 Ebd.
386 Rothmann, Bekenntnis von beiden Sakramenten, ed. Stupperich, S. 150.
387 Ebd.
388 Ebd. S. 141.
389 Ebd. S. 148f.
390 Ebd. S. 143.
391 Kerssenbrock, hrg. v. Detmer, S. 420; auch Aussage des Johann Klopriß (29.1.1535), hrg. v. Niesert, S. 113f. Allerdings spricht Gresbeck, Bericht, hrg. v. Cornelius, S. 20 statt von einer Untertauchung von einer Übergießung der Täuflinge mit Wasser.
392 Ebd.
393 Bekenntnis Bernd Knipperdollinck (21.1.1536), hrg. v. Cornelius, S. 409.
394 Gresbeck, Bericht, hrg. v. Cornelius, S. 19f.

395 Ebd. S. 12.
396 Ebd.
397 Im Unterschied zu der hier vorgenommenen Rekonstruktion der (historisch kontextualisierten) Schrifthermeneutik im Täufertum und Täuferreich von Münster bietet TRELENBERG, Die Bibel als „Regiebuch", S. 79–109 nichts als eine äußere Ereignisgeschichte des Täuferreichs nebst den für die einzelnen Entwicklungsschritte jeweils maßgeblichen alt- und neutestamentlichen Bezügen.
398 Hinweise bei STUPPERICH, S. 298.
399 Bernhard Rothmann, Von der Verborgenheit der Schrift, ed. STUPPERICH, S. 304.
400 Erstmalig sowie im Sinne einer Problemanzeige s. REVENTLOW, Epochen der Bibelauslegung 3, S. 178–188.
401 OHLIG, Die theologische Begründung, S. 35f.
402 KARPP, Schrift, Geist und Wort Gottes, S. 178.
403 Dazu auch KLÖTZER, Täuferherrschaft, S. 158.
404 Beispiele bei GÜLZOW, Eschatologie und Politik, S. 33–36.
405 Bernhard Rothmann, Bericht von der Wrake, ed. STUPPERICH, S. 291f.
406 Dazu auch KLÖTZER, Täuferherrschaft, S. 168.
407 DOHMEN, Art. Zelt, heiliges, Sp. 1419; auch SCHARBERT, Art. Stiftshütte, Sp. 1075.
408 REINLE, Art. Sakramentshaus, Sp. 1275.
409 OHLY, Die Kathedrale als Zeitenraum, S. 171–274.
410 Bernhard Rothmann, Von der Verborgenheit der Schrift, ed. STUPPERICH, S. 346.
411 Ebd. S. 347.
412 Bernhard Rothmann, Bekenntnis des Glaubens und Lebens der Gemeinde Christi zu Münster (1534), ed. STUPPERICH, S. 202.
413 Bernhard Rothmann, Von der Verborgenheit der Schrift, ed. STUPPERICH, S. 348.
414 Ebd. S. 311.
415 Ebd. S. 312.
416 Ebd. S. 314f.
417 Ebd. S. 315f.
418 Ebd. S. 316f.
419 Einzelheiten s. u.
420 Martin Luther, Vorrede auf den Psalter (a. 1545), hrg. v. Weimarer Ausgabe. Die Deutsche Bibel 10/1, Weimar 1956, S. 99, Z. 24–100, Z. 2.
421 Bernhard Rothmann, Restitution 17, ed. STUPPERICH, S. 270; WRAY, Bernhard Rothmann's Views, S. 233 und S. 238.
422 Bernhard Rothmann, Restitution 1, ed. STUPPERICH, S. 216f.

423 Ebd. 17, S. 275; auch Bernhard Rothmann, Bericht von der Wrake, ed. STUPPERICH, S. 290f.

424 Ebd. S. 291.

425 WENDEHORST, Wer konnte im Mittelalter lesen und schreiben?, bes. S. 32. Auch LUTTERBACH, Gotteskindschaft, S. 112–121.

426 SCRIBNER, Antiklerikalismus in Deutschland um 1500, S. 377.

427 Ebd. S. 377f.

428 Ebd. S. 378.

429 BRADSHAW, Art. Priester/Priestertum III. (Christliches Priestertum, 1. Geschichtlich), S. 418f.; zum lutherischen Verständnis des ‚Laien' s. HAMM, Laientheologie, S. 223f., S. 252–273 und S. 291f.

430 Martin Luther, An den christlichen Adel (a. 1520), hrg. v. Weimarer Ausgabe. Schriften 6, Weimar 1888, S. 408, Z. 11f. Auch 6, S. 408, Z. 13–25.

431 So SCHMIDT, Reichsstädte, S. 332.

432 Martin Luther, An den christlichen Adel (a. 1520), hrg. v. Weimarer Ausgabe. Schriften 6, Weimar 1888, S. 408, Z. 11–13; auch ebd. S. 408, Z. 17–25.

433 GOERTZ, Allgemeines Priestertum, S. 104.

434 Bernhard Rothmann, Epitome confessio fidei 40, ed. STUPPERICH, S. 66.

435 KLÖTZER, Täuferherrschaft, S. 146.

436 SCRIBNER, Antiklerikalismus in Deutschland um 1500, S. 379.

437 Gresbeck, Bericht, hrg. v. CORNELIUS, S. 47–48, Zitat S. 47.

438 Ebd. S. 79.

439 Ebd.

440 GOERTZ, Träume, Offenbarungen und Visionen, S. 185, S. 188 und S. 190.

441 REVENTLOW, Epochen der Schriftauslegung 3, S. 164.

442 Ebd.

443 WILLIAMS, Popularized German Mysticism, S. 290–312.

444 Gresbeck, Bericht, hrg. v. CORNELIUS, S. 88.

445 Bernhard Rothmann, Von der Verborgenheit der Schrift, ed. STUPPERICH, S. 313.

446 Ebd.

447 Ebd.

448 JAN BERGMANN, Zum Zwei-Wege-Motiv, S. 33.

449 SUGGS, The Christian Two Ways Tradition, S. 69 mit weiteren ntl. Belegen.

450 Ebd. S. 46.

451 BERGMANN, Zum Zwei-Wege-Motiv, S. 48f.

452 NIEDERWIMMER, Die Didache, S. 83f.

453 Regula Magistri, Incipit Thema 1–11.25 und Thema ‚Pater noster' 1–3, ed. ADALBERT DE

Vogüé, La Règle du Maître (Sources Chrétiennes 105 und 106) Paris 1964, hier Bd. 105, S. 296–303.

454 Bernhard Rothmann, Von der Verborgenheit der Schrift, ed. Stupperich, S. 323 (Lk 8,34–35; Mt 16,24–25) und S. 341 (Mt 18,29).

455 Lutterbach, Monachus factus est, S. 139–142.

456 Bernhard Rothmann, Bekenntnis von beiden Sakramenten, ed. Stupperich, S. 185.

457 Plümper, Gütergemeinschaft, S. 170.

458 Gresbeck, Bericht, hrg. v. Cornelius, S. 34; dazu umfassend Plümper, Gütergemeinschaft, S. 172f.

459 Gresbeck, Bericht, hrg. v. Cornelius, S. 140f.; Bekenntnis des Cort van dem Werde und Johann Kettel van Tiel (6. 12. 1534), hrg. v. Cornelius, S. 293.

460 Gresbeck, Bericht, hrg. v. Cornelius, S. 34; dazu Plümper, Gütergemeinschaft, S. 173.

461 Gresbeck, Bericht, hrg. v. Cornelius, S. 35.

462 Ebd. S. 96.

463 Herzog Philipp zu Braunschweig Grubenhagen an Kurfürst Johann Friedrich (05.8.1534), hrg. v. Cornelius, S. 267.

464 Gresbeck, Bericht, hrg. v. Cornelius, S. 32.

465 Dethlefs, Münzen und Geld im „Neuen Zion“, S. 9.

466 Ebd. S. 12f.

467 Bömer, Der münsterische Buchdruck, S. 32.

468 Gresbeck, Bericht, hrg. v. Cornelius, S. 47.

469 Koslofsky, ‚Pest‘ – ‚Gift‘ – ‚Ketzerei‘, S. 206–208.

470 Othenin-Girard, ‚Helfer‘ und ‚Gespenster‘, S. 174.

471 Ebd. S. 171.

472 Ebd. S. 174.

473 Ebd. S. 178.

474 Ebd. S. 186.

475 Jezler, Von den Guten Werken zum reformatorischen Bildersturm, S. 23 (Zitat).

476 Ebd. S. 27.

477 Diekmannshenke, Die Schlagwörter der Radikalen, S. 155–158.

478 Constable, Monastic Tithes, S. 9–56.

479 Vischer, Die Zehntforderung, S. 205.

480 Zimmermann, Die Antwort der Reformatoren, S. 21.

481 Dazu umfassend auch Chadwick, The Early Reformation on the Continent, S. 101–109.

482 Stayer, Neue Modelle eines gemeinsamen Lebens, S. 48.

483 Plümper, Gütergemeinschaft, S. 175.
484 Hsia, Münster and the Anabaptists, S. 69.
485 Bernhard Rothmann, Bekenntnis von beiden Sakramenten, ed. Stupperich, S. 184.
486 Ebd. S. 184f.
487 Ebd. S. 185.
488 Ebd. S. 186f.
489 Gresbeck, Bericht, hrg. v. Cornelius, S. 42–44; Bernhard Rothmann, Restitution 13, ed. Stupperich, S. 258.
490 Gresbeck, Bericht, hrg. v. Cornelius, S. 42.
491 Bernhard Rothmann, Restitution 13, ed. Stupperich, S. 258.
492 Bernhard Rothmann, Bekenntnis von beiden Sakramenten, ed. Stupperich, S. 138.
493 Gresbeck, Bericht, hrg. v. Cornelius, S. 42.
494 Ebd. S. 42f.
495 Ebd. S. 43.
496 Ebd. S. 110.
497 Ebd. S. 111.
498 Bernhard Rothmann, Bekenntnis von beiden Sakramenten, ed. Stupperich, S. 188.
499 Bernhard Rothmann, Restitution 13, ed. Stupperich, S. 256.
500 Bernhard Rothmann, Bekenntnis von beiden Sakramenten, ed. Stupperich, S. 188.
501 Ebd. S. 191.
502 Ebd. S. 179.
503 Hsia, Münster and the Anabaptists, S. 68 (eigene Übersetzung).
504 Lentes, ‚Andacht' und ‚Gebärde', S. 64.
505 Kaufmann, Die Täufer, S. 59; Frehe, Vielweiberei, S. 14f.; auch Freitag, Die Reformation in Westfalen, S. 141f.
506 Borgolte, Kulturelle Einheit und religiöse Differenz, S. 6.
507 Ebd. S. 6f.
508 Niesert, Beiträge zu einem Münsterischen Urkundenbuche, S. 119.
509 Bernhard Rothmann, Succinctum municipalium, ed. Stupperich, S. 128f.
510 Evangelische Zuchtordnung der Stadt Münster, hrg. v. Cornelius, Geschichte des Münsterischen Aufruhrs 2, S. 323f.
511 Hennig, Askese und Ausschweifung, S. 26.
512 Kerssenbrock, hrg. v. Detmer, S. 507.
513 Ebd. S. 508.
514 Gresbeck, Bericht, hrg. v. Cornelius, S. 59.
515 Dazu s. kontextualisierend Reinholdt, Ein Leib in Christo werden, S. 80–84.
516 Gresbeck, Bericht, hrg. v. Cornelius, S. 71.

517 Ebd. S. 64f.
518 Ebd. S. 67.
519 Kerssenbrock, hrg. v. DETMER, S. 578f.; Gresbeck, Bericht, hrg. v. CORNELIUS, S. 65f.
520 Dazu s. umfassend LUTTERBACH, Der Weg in das Täuferreich, S. 247–249.
521 FUGEL, Tauflehre, S. 364f., S. 368f. und bes. S. 412–456 (Text des Taufritus).
522 Bernhard Rothmann, Bekenntnis von beiden Sakramenten, ed. STUPPERICH, S. 141f.
523 ANGENENDT, Religiosität und Theologie, S. 44.
524 SCRIBNER, Cosmic Order and Daily Life, S. 21.
525 ANGENENDT, Religiosität und Theologie, S. 44f.
526 Dazu exemplarisch LUTTERBACH, „Tiere – In allem gehorsam wie Mönche …", S. 294–331.
527 Gresbeck, Bericht, hrg. v. CORNELIUS, S. 43.
528 LENTES, ‚Andacht' und ‚Gebärde', S. 49 unter Berufung auf Martin Luther, Predigt in Merseburg (6.8.1545), hrg. v. Weimarer Ausgabe. Schriften 51, Weimar 1910, S. 11.
529 LENTES, ‚Andacht' und ‚Gebärde', S. 52.
530 Zu diesen Kriterien s. MICHALSKI, Das Phänomen Bildersturm, S. 73.
531 Gresbeck, Bericht, hrg. v. CORNELIUS, S. 46f.
532 Dazu WERNER, Vernichtet und vergessen?, bes. S. 167–181, Zitat S. 177.
533 Dazu WARNKE, Durchbrochene Geschichte?, S. 79.
534 Gresbeck, Bericht, hrg. v. CORNELIUS, S. 158, ausführlich ebd. S. 159–161. Dazu auch WARNKE, Durchbrochene Geschichte?, S. 79.
535 SCRIBNER, Volkskultur und Volksreligion, S. 156.
536 KARANT-NUNN, „Gedanken, Herz und Sinn", S. 76f.
537 SCHNITZLER, Ikonoklasmus – Bildersturm, S. 149; WARNKE, Durchbrochene Geschichte?, S. 72f.
538 SCHNITZLER, Ikonoklasmus – Bildersturm, S. 189.
539 Dazu auch GROEBNER, Ungestalten, S. 79.
540 Grundlegend dazu TREXLER, Florentine Religious Experience, S. 20.
541 SCHNITZLER, Ikonoklasmus – Bildersturm, S. 222 (ebd. Abb. 16 Epitaph der Äbtissin).
542 KARANT-NUNN, „Gedanken, Herz und Sinn", S. 77.
543 Ebd. S. 79.
544 WARNKE, Durchbrochene Geschichte?, S. 85; mit Details s.

Gresbeck, Bericht, hrg. v. Cornelius, S. 17f.
545 Scribner, Ritual and Reformation, S. 137.
546 Dazu Fast, Reformation durch Provokation, S. 79–110.
547 Gresbeck, Bericht, hrg. v. Cornelius, S. 49f.
548 Martin Luther, Epistel am Neujahrstag (a. 1522), hrg. v. Weimarer Ausgabe. Schriften 10,1,1, Weimar 1910, S. 469, Z. 13–22; Martin Luther, Von der Beicht (a. 1521), hrg. v. Weimarer Ausgabe. Schriften 8, Weimar 1889, S. 139, Z. 18–22 und S. 171, Z. 13–28.
549 Kerssenbrock, hrg. v. Detmer, S. 545.
550 Gresbeck, Bericht, hrg. v. Cornelius, S. 151.
551 Ebd. S. 150.
552 Ebd. S. 151.
553 Ebd. S. 150–154.
554 Angenendt, Das Offertorium, S. 71–150.
555 Gresbeck, Bericht, hrg. v. Cornelius, S. 152.
556 Schnitzler, Ikonoklasmus – Bildersturm, S. 160.
557 Ebd. S. 219.
558 Warnke, Durchbrochene Geschichte?, S. 83.
559 Jaspert, „Wo seine Füße standen", S. 178.
560 Baumgärtner, Die Wahrnehmung Jerusalems, S. 333.
561 Zahlreiche Beispiele bei Cadei, Gli Ordini di Terrasanta, S. 51–70; Jaspert, Vergegenwärtigungen Jerusalems, S. 219–271.
562 Dazu s. o.
563 Herbers, Die Eroberung Jerusalems 1099, S. 449–463.
564 Baumgärtner, Die Wahrnehmung Jerusalems, S. 334.
565 Bauer, Heiligkeit des Landes, S. 41; auch Bernet, „Gebaute Apokalypse", S. 92–98, S. 100f. und S. 102–116.
566 Rothmann, Von der Verborgenheit der Schrift, ed. Stupperich, S. 366.
567 Ebd. S. 367.
568 Seebass, Luthers Stellung zur Verfolgung der Täufer, S. 272–277.
569 Obermann, Zwei Reformationen, S. 116.
570 Martschukat – Patzold, Geschichtswissenschaft, S. 10.
571 Ebd. S. 8.
572 Gresbeck, Bericht, hrg. v. Cornelius, S. 96.
573 Ebd. S. 26.
574 Ebd. S. 54f.
575 Ebd. S. 60.
576 Ebd. S. 25.
577 Ebd.
578 Ebd. S. 24.
579 Ebd. S. 49.

580 Z. B. ebd. S. 83, S. 95 oder S. 128.
581 Ebd. S. 131–140.
582 Ebd. S. 73–75.
583 Hsia, Münster and the Anabaptists, S. 68 (eigene Übersetzung).
584 Ebd.
585 Kerssenbrock, hrg. v. Detmer, S. 574f.
586 Ebd. S. 582.
587 Zur Ordnung (inkl. des genannten Zitats) s. ebd. S. 582–586.
588 Gresbeck, Bericht, hrg. v. Cornelius, S. 82f.
589 Kerssenbrock, hrg. v. Detmer, S. 587.
590 Seebass, Luthers Stellung zur Verfolgung der Täufer, S. 269–271.
591 Blickle, Die Reformation im Reich, S. 157f.
592 Kluge, Die Rechts- und Sittenordnung des Täuferreiches zu Münster, S. 80.
593 Gresbeck, Bericht, hrg. v. Cornelius, S. 84f.
594 Zustimmend s. Schlachta, Gefahr oder Segen?, S. 97.
595 Anton, Art. Sakralität, Sp. 1263.
596 Angenendt, Das Frühmittelalter, S. 44f.
597 Anton, Art. Sakralität, Sp. 1264.
598 Ebd.
599 Ebd.
600 Ebd.
601 Angenendt, Das Frühmittelalter, S. 176.
602 Angenendt, Princeps imperii, S. 41.

VI. Kapitel

603 Hamm, Heiligkeit im Mittelalter, S. 643f.
604 Ebd.
605 So Moeller, Reichsstadt und Reformation, S. 55.
606 Einige Einzelbelege bei Jelsma, De Koning en de vrouwen, S. 103.
607 Bernhard Rothmann, Restitution 14, ed. Stupperich, S. 258–262; Jelsma, De Koning en de vrouwen, S. 107.
608 Kauder-Steiniger, Täuferinnen – Opfer oder Heldinnen?, S. 13–40.
609 Mit Blick auf die Reformation insgesamt s. Moeller, Reichsstadt und Reformation, S. 30f.
610 Schmidt, Die Reformation im Reich und in der Schweiz, S. 156.
611 Dazu s. o.
612 Gresbeck, Bericht, hrg. v. Cornelius, S. 132.
613 Ebd. S. 133.

614 Angenendt, Das Frühmittelalter, S. 182.
615 Ebd.
616 Freitag, Konfessionelle Kulturen, S. 127f. Zum Priesterbild des Konzils s. Jedin, Das Leitbild des Priesters, S. 108–116.
617 Obermann, Zwei Reformationen, S. 84.
618 Ebd. S. 115.

LITERATURVERZEICHNIS

In dem Primär- und Sekundärliteratur umfassenden Literaturverzeichnis sind zur leichteren Orientierung die jeweiligen Kurztitel, die in den Hauptteilen des Buches vorkommen, als Kursive ausgewiesen.

A

THOMAS D. ALBERT, *Die geistliche Rechtsprechung* im Spiegel der Kritik des gemeinen Mannes, in: HEINRICH RICHARD SCHMIDT – ANDRÉ HOLENSTEIN – ANDREAS WÜRGLER (Hrg.), Gemeinde, Reformation und Widerstand. FS PETER BLICKLE, Tübingen 1998, S. 179–193.

GERHARD ALTEKAMP, *Münster.* Das Bild der alten Stadt, Münster 1980.

ARNOLD ANGENENDT, *Das Frühmittelalter.* Die abendländische Christenheit von 400 bis 900, 3. Aufl., Stuttgart – Berlin – Köln 2001.

ARNOLD ANGENENDT, *Das Offertorium* in liturgischer Praxis und symbolischer Kommunikation, in: GERD ALTHOFF (Hrg.), Zeichen – Rituale – Werte (Symbolische Kommunikation und Gesellschaftliche Wertesysteme 3), Münster 2004, S. 71–150.

ARNOLD ANGENENDT, *Geschichte der Religiosität* im Mittelalter, 3. Aufl., Darmstadt 2005.

ARNOLD ANGENENDT, *Heilige und Reliquien.* Die Geschichte ihres Kultes vom frühen Christentum bis zur Gegenwart, 2. Aufl., München 1997.

ARNOLD ANGENENDT, *Princeps imperii* – Princeps apostolorum. Rom zwischen Universalismus und Gentilismus, hrg. v. der Kommission der Rheinisch-Westfälischen Akademie der Wissenschaften und der Gerda Henkel Stiftung, Düsseldorf 1989, S. 7–44.

ARNOLD ANGENENDT, *Religiosität und Theologie.* Ein spannungsreiches Verhältnis im Mittelalter, in: Archiv für Liturgiewissenschaft 20/21 (1978/79) S. 28–55.

HANS HUBERT ANTON, *Art. Sakralität,* in: Lexikon des Mittelalters 7 (1995) Sp. 1263–1266.

B

William John De Bakker, *Civic Reformer* in Anabaptist Münster. Bernhard Rothmann (1495–1535), (Diss. masch.) Chicago (Illinois) 1987.

Manfred Balzer, *Frühe Stadtbildung in Westfalen.* Die Rolle von Kirchen, in: Werner Freitag (Hrg.), Die Pfarre in der Stadt. Siedlungskern – Bürgerkirche – Urbanes Zentrum (Städteforschung. Veröffentlichungen des Instituts für vergleichende Städtegeschichte in Münster. Reihe A: Darstellungen 82) Köln – Weimar – Wien 2011, S. 1–62.

Dieter R. Bauer, *Heiligkeit des Landes.* Ein Beispiel für die Prägekraft der Volksreligiosität, in: Peter Dinzelbacher (Hrg.), Volksreligion im hohen und späten Mittelalter (Quellen und Forschungen aus dem Gebiet der Geschichte. NF 13) Paderborn – München – Wien – Zürich 1990, S. 41–55.

Ingrid Baumgärtner, *Die Wahrnehmung Jerusalems* auf mittelalterlichen Weltkarten, in: Dieter Bauer – Klaus Herbers – Nikolas Jaspert (Hrg.), Jerusalem im Hoch- und Spätmittelalter. Konflikte und Konfliktbewältigung – Vorstellungen und Vergegenwärtigungen (Campus Historische Studien 29) Frankfurt – New York 2001, S. 219–271.

Hans-Jürgen Becker, *Art. Kapitel I. (Dom- und Stiftskapitel),* in: Lexikon des Mittelalters 5 (1991) Sp. 938–939.

Jan Bergmann, *Zum Zwei-Wege-Motiv.* Religionsgeschichtliche und exegetische Bemerkungen, in: Svensk Exegetisk Arsbok 41/42 (1976/77) S. 27–56.

Claus Bernet, *„Gebaute Apokalypse".* Die Utopie des Himmlischen Jerusalem in der frühen Neuzeit (Veröffentlichungen des Instituts für europäische Geschichte Mainz. Abteilung für abendländische Religionsgeschichte 215) Mainz 2007.

Mechthild Black, *Die Speckpfründe Lamberti* – Zentrum der Armenfürsorge in Münster während des Mittelalters und der Frühen Neuzeit, in: Franz-Josef Jacobi – Hannes Lambacher u. a. (Hrg.), Stiftungen und Armenfürsorge in Münster vor 1800 (Studien zur Geschichte der Armenfürsorge und der Sozialpolitik in Münster 1; Quellen und Forschungen zur Geschichte der Stadt Münster NF 17,1) Münster 1996, S. 26–159.

Peter Blickle, *Die Reformation im Reich* (UTB Wissenschaft 1181) 3. Aufl., Stuttgart 2000.

Alois Bömer, *Der münsterische Buchdruck* vom zweiten Viertel bis zum Ende des 16. Jahrhunderts, in: Westfalen 12 (1924) S. 26–76.

HARTMUT BOOCKMANN, *Das 15. Jahrhundert* in der deutschen Geschichte, in: MICHAEL BORGOLTE (Hrg.), Mittelalterforschung nach der Wende 1989 (Historische Zeitschrift. Beihefte 20) München 1995, S. 485–511.

MICHAEL BORGOLTE, *Kulturelle Einheit und religiöse Differenz.* Zur Verbreitung der Polygamie im mittelalterlichen Europa, in: Zeitschrift für historische Forschung 31 (2004) S. 1–36.

PAUL FREDERICK BRADSHAW, *Art. Priester/Priestertum III. (Christliches Priestertum, 1. Geschichtlich),* in: Theologische Realenzyklopädie 27 (1997) S. 414–421.

THOMAS A. BRADY, *Communities, Politics and Reformation in Early Medieval Europe* (Studies in Medieval and Reformation Thought 68) Leiden – Bosten – Köln 1998.

THOMAS BRADY, *Zwischen Gott und Mammon.* Protestantische Politik und deutsche Reformation, Berlin 1996.

MARTIN BRECHT, *Antwort* Martin Bucers auf Bernhard Rothmann „Quid de baptismate infantium iuxta scripturas dei sentiendum", 18. Dezember 1533, in: Jahrbuch für Westfälische Kirchengeschichte 108 (2012) S. 39 (insges.).

MARTIN BRECHT, *Die Theologie Bernhard Rothmanns,* in: Jahrbuch für westfälische Kirchengeschichte 78 (1985) S. 49–82.

GERHARD BRENDLER, *Das Täuferreich zu Münster 1534/35* (Leipziger übersetzungen und Abhandlungen zum Mittelalter. Reihe B. 2) Berlin 1966.

C

ANTONIO CADEI, *Gli Ordini di Terrasanta* e il culto per la Vera Croce e il Sepolcro di Cristo in Europa ne XII secolo, in: Arte Medievale 1 (2002) S. 51–70.

OWEN CHADWICK, *The Early Reformation on the Continent* (The Oxford History of the Christian Church [o. Nr.]) Oxford 2001.

GILES CONSTABLE, *Monastic Tithes.* From Their Origins to the Twelfth Century (Cambridge Studies in Medieval Life and Thought. NS 10) Cambridge 1964.

CARL ADOLF CORNELIUS (Hrg.), *Berichte* der Augenzeugen über das Münsterische Wiedertäuferreich (Die Geschichtsquellen des Bistums Münster 2) Münster 1853 (Nachdruck 1965 und 1983, mit einem Nachwort von ROBERT STUPPERICH).

CARL ADOLF CORNELIUS, *Geschichte des Münsterischen Aufruhrs* in drei Büchern. 1. Buch: Die Reformation. 2. Buch: Die Wiedertaufe, Leipzig 1855 und

1860. [Leider blieb das geplante 3. Buch mit der eingehenden Bewertung der Münsteraner Vorgänge unausgeführt.]

Mirco Crabus, *Fürsorge und Herrschaft.* Das spätmittelalterliche Fürsorgesystem der Stadt Münster und die Trägerschaft des Rates (Westfalen in der Vormoderne. Studien zur mittelalterlichen und frühneuzeitlichen Landesgeschichte 15) Münster 2013.

Andrew Cunningham – Ole Peter Grell, *The Four Horsemen of the Apocalypse.* Religion, War, Famine and Death in Reformation Europe, Cambridge 2000.

D

Klaus Deppermann, *Art.* Melchior *Hoffman,* in: Theologische Realenzyklopädie 15 (1986) S. 470–473.

Klaus Deppermann, *Melchior Hoffman und Thomas Müntzer,* in: Ders., Protestantische Profile von Luther bis Francke. Sozialgeschichtliche Aspekte (hrg. v. Thomas Baumann u. a.) (Kleine Vandenhoeck-Reihe 1561) Göttingen 1992, S. 41–47.

Klaus Deppermann, *Melchior Hoffman. Soziale Unruhen* und apokalyptische Visionen im Zeitalter der Reformation, Göttingen 1979.

Klaus Deppermann, *Melchior Hoffmans Weg* von Luther zu den Täufern, in: Hans-Jürgen Goertz (Hrg.), Umstrittenes Täufertum 1525–1975. Neue Forschungen, Göttingen 1975, S. 173–205.

Gerd Dethlefs, *Münzen und Geld im „Neuen Zion".* Geldpolitik, Münzprägung und Herrschaftssymbolik der münsterischen Wiedertäufer, in: Der Münzensammler mit dem Münzenmarkt, Juni 1982, S. 6–15.

Hermann Von Kerssenbrock, *Anabaptistici furoris (…) narratio,* hrg. v. Heinrich Detmer (Die Geschichtsquellen des Bistums Münster 5–6) Münster 1889–1900.

Heinrich Detmer, *Ungedruckte Quellen* zur Geschichte der Wiedertäufer in Münster, in: Westfälische Zeitschrift 51 (1893) S. 97–107.

Hans-Joachim Diekmannshenke, *Die Schlagwörter der Radikalen* der Reformationszeit (1520–1536). Spuren utopischen Bewußtseins (Europäische Hochschulschriften. Reihe 1. 1445) Frankfurt a. M. – Berlin – Bern 1994.

Christoph Dohmen, *Art. Zelt, heiliges,* in: Lexikon für Theologie und Kirche 10 (2001) Sp. 1419.

HANS JÜRGEN DORN, *Art. Münster – Deutscher Orden*, in: KARL HENGST (Hrg.), Westfälisches Klosterbuch. Lexikon der vor 1815 errichteten Stifte und Klöster von ihrer Gründung bis zur Aufhebung 2 („Münster – Zwillbrock") (Veröffentlichungen der Historischen Kommission für Westfalen 44. Quellen und Forschungen zur Kirchen- und Religionsgeschichte 2) Münster 1994, S. 68–71.

RICHARD VAN DÜLMEN, *Reformation als Revolution.* Soziale Bewegung und religiöser Radikalismus in der deutschen Reformation, Frankfurt a. M. 1987 (Original München 1977).

E

WINFRIED EBERHARD, *Die Krise des Spätmittelalters*, in: FERDINAND SEIBT – WINFRIED EBERHARD (Hrg.), Europa 1400. Die Krise des Spätmittelalters, Stuttgart 1984, S. 303–319.

KLAUS EBERT, *Restitution* christlicher Lehre oder Autonomie im Getto, in: HANS-GÜNTER HEIMBROCK (Hrg.), Spiel-Räume. Kreativität im Horizont christlichen Glaubens, Neukirchen-Vluyn 1983, S. 165–174.

WILFRIED EHBRECHT, *Rat, Gilden und Gemeinde* zwischen Hochmittelalter und Neuzeit, in: FRANZ-JOSEF JAKOBI, Geschichte der Stadt Münster 1, 3. Aufl., Münster 1994, S. 91–144.

KASPAR ELM, *Reformbemühungen* und Observanzbestrebungen im spätmittelalterlichen Ordenswesen (Berliner historische Studien 14. Ordensstudien 6) Berlin 1989.

F

HEINOLD FAST, *Reformation durch Provokation.* Predigtstörungen in den ersten Jahren der Reformation in der Schweiz, in: HANS-JÜRGEN GOERTZ (Hrg.), Umstrittenes Täufertum 1525–1975, 2. Aufl., Göttingen 1977, S. 79–110.

BERNHARD FREHE, *Vielweiberei* im täuferischen Münster. Legende und Wirklichkeit (Agenda Geschichte 19) Münster 2001.

WERNER FREITAG, *Die Reformation in Westfalen.* Regionale Vielfalt, Bekenntniskonflikt und Koexistenz, 2. durchges. Aufl., Münster 2017.

WERNER FREITAG, *Konfessionelle Kulturen* und innere Staatsbildung. Zur Konfessionalisierung in westfälischen Territorien, in: Westfälische Forschungen 42 (1992) S. 75–192.

Werner Freitag, *Rat und Bürgerschaft*. Aspekte der Stadtreformation in Westfalen, in: Werner Freitag – Wilfried Reininghaus (Hrg.), Beiträge zur Geschichte der Reformation in Westfalen 1 (Veröffentlichungen der Historischen Kommission für Westfalen NF 35) Münster 2017, S. 279–288.

Abraham Friesen, *Erasmus*, the Anabaptists and the Great Commission, Grand Rapids (Mich.) – Cambridge (UK) 1998.

Adolf Fugel, *Tauflehre* und Taufliturgie bei Huldrych Zwingli (Europäische Hochschulschriften. Reihe 23, 380) Bern – Frankfurt a. M. – New York 1989.

G

Die Ordnung der Widerteuffer zu Münster. Item was sich daselbs nebenzu verloffen hatt vonn der zeytt an, als die Statt belegert ist wordenn, hrg. v. Max Geisberg, in: Zeitschrift für vaterländische Geschichte und Alterthumskunde 17 (1856) S. 240–249.

Hans-Jürgen Goertz, *Aufstand gegen den Priester.* Antiklerikalismus und reformatorische Bewegung, in: Peter Blickle (Hrg.), Bauer, Reich und Reformation. FS Günther Franz, Stuttgart 1982, S. 182–209.

Hans-Jürgen Goertz, *Brüderlichkeit* – Provokation, Maxime, Utopie, in: Heinrich Richard Schmidt – André Holenstein – Andreas Würgler (Hrg.), Gemeinde, Reformation und Widerstand. FS Peter Blickle, Tübingen 1998, S. 161–178.

Hans-Jürgen Goertz, *Das Täufertum – Ein Weg in die Moderne?,* in: Peter Blickle – Andreas Lindt – Alfred Schindler (Hrg.), Zwingli und Europa, Zürich 1985, S. 165–181.

Hans-Jürgen Goertz, *Die Täufer. Geschichte und Deutung,* München 1980.

Hans-Jürgen Goertz, *Pfaffenhaß und groß Geschrei.* Die reformatorischen Bewegungen in Deutschland 1517–1529, München 1987.

Hans-Jürgen Goertz, *Träume, Offenbarungen und Visionen* in der Reformation, in: Rainer Postel – Franklin Kopitzsch (Hrg.), Reformation und Revolution. Beiträge zum politischen Wandel und den sozialen Kräften am Beginn der Neuzeit. FS Rainer Wohlfeil, Stuttgart 1989, S. 171–192.

Harald Goertz, *Allgemeines Priestertum* und ordiniertes Amt bei Luther (Marburger theologische Studien 46) Marburg 1997.

D. Jonathan Grieser, *A Tale of Two Convents.* Nuns and Anabaptists in Münster 1533–1535, in: The Sixteenth-Century Journal (Kirksville) 26 (1995) S. 31–47.

Valentin Groebner, *Ungestalten.* Die visuelle Kultur der Gewalt im Mittelalter, Wien 2003.

Henneke Gülzow, *Eschatologie und Politik.* Zum religiösen Pluralismus im 16. Jahrhundert, in: Bernhard Lohse – Otto Hermann Pesch (Hrg.), Das Augsburger Bekenntnis von 1530 damals und heute, München 1980, S. 32–63.

H

Martin Haas, *Die Täuferkirchen des 16. Jahrhunderts* in der Schweiz und in Münster – Ein Vergleich, in: Zwingliana 13 (1969–1973) S. 434–462.

Bertram Haller, *Humanismus und Buchdruck* im Städtedreieck Münster – Deventer – Köln, in: Werner Freitag – Wilfried Reininghaus (Hrg.), Beiträge zur Geschichte der Reformation in Westfalen 1 (Veröffentlichungen der Historischen Kommission für Westfalen NF 35) Münster 2017, S. 141–188.

Berndt Hamm, *Frömmigkeit als Gegenstand* theologiegeschichtlicher Forschung. Methodisch-historische Überlegungen am Beispiel von Spätmittelalter und Reformation, in: Zeitschrift für katholische Theologie 74 (1977) S. 464–497.

Berndt Hamm, *Heiligkeit im Mittelalter.* Theoretische Annäherungen an ein interdisziplinäres Forschungsvorhaben, in: Nine Miedema – Rudolf Suntrup (Hrg.), Literatur – Geschichte – Literaturgeschichte. Beiträge zur mediävistischen Literaturwissenschaft, Frankfurt a. M. – Berlin – Bern u. a. 2003, S. 627–645.

Berndt Hamm, *Laientheologie* zwischen Luther und Zwingli. Das reformatorische Anliegen des Konstanzer Stadtschreibers Jörg Vögeli aufgrund seiner Schriften von 1523/24, in: Josef Nolte – Hella Tompert – Christof Windhorst (Hrg.), Kontinuität und Umbruch. Theologie und Frömmigkeit in Flugschriften und Kleinliteratur an der Wende vom 15. zum 16. Jahrhundert (Spätmittelalter und Frühe Neuzeit 2) Stuttgart 1978, S. 222–295.

Berndt Hamm, *Von der spätmittelalterlichen reformatio* zur Reformation. Der Prozeß normativer Zentrierung von Religion und Gesellschaft in Deutschland, in: Archiv für Reformationsgeschichte 84 (1993) S. 7–82.

Alwin Hanschmidt, *Stifte und Klöster* in der Zeit der Reformation, der Katholischen Reform und der Aufklärung (ca. 1530–1803), in: Karl Hengst (Hrg.), Westfälisches Klosterbuch. Lexikon der vor 1815 errichteten Stifte und Klöster 3 („Institutionen und Spiritualität“) (Veröffentlichungen der Historischen Kommission für Westfalen 44. Quellen und Forschungen zur Kirchen- und Religionsgeschichte 2) Münster 2003, S. 201–243.

Wolfgang Hardtwig, *Genossenschaft, Sekte, Verein* in Deutschland 1 („Vom Spätmittelalter bis zur Französischen Revolution"), München 1997.

Karl Hengst, *Art. Münster – Johanniter,* in: Ders. (Hrg.), Westfälisches Klosterbuch. Lexikon der vor 1815 errichteten Stifte und Klöster von ihrer Gründung bis zur Aufhebung 2 („Münster – Zwillbrock") (Veröffentlichungen der historischen Kommission für Westfalen 44. Quellen und Forschungen zur Kirchen- und Religionsgeschichte 2) Münster 1994, S. 71–74.

Matthias Hennig, *Askese und Ausschweifung.* Zum Verständnis der Vielweiberei im Täuferreich zu Münster 1534/35, in: Mennonitische Geschichtsblätter 40 (1983) S. 25–45.

Klaus Herbers, *Die Eroberung Jerusalems* 1099. Ergebnisse und Perspektiven, in: Dieter Bauer – Klaus Herbers – Nikolas Jaspert (Hrg.), Jerusalem im Hoch- und Spätmittelalter. Konflikte und Konfliktbewältigung – Vorstellungen und Vergegenwärtigungen (Campus Historische Studien 29) Frankfurt – New York 2001, S. 423–466.

Bernd-Ulrich Hergemöller, *Art. Bruderschaft 3 (Bruderschaften und Stadt),* in: Lexikon des Mittelalters 2 (1981) Sp. 739–740.

Bernd-Ulrich Hergemöller, *Art. Bürgereid,* in: Lexikon des Mittelalters 2 (1983) Sp. 1042.

Bernd-Ulrich Hergemöller, *Gesellschaftliche Veränderungen* im engeren Reichsgebiet um 1400, in: Ferdinand Seibt – Winfried Eberhard (Hrg.), Europa. 1400. Die Krise des Spätmittelalters, Stuttgart 1984, S. 39–52.

Matthias Herkt, *Art. Münster – Kollegiatstift St. Mauritz,* in: Karl Hengst (Hrg.), Westfälisches Klosterbuch. Lexikon der vor 1815 errichteten Stifte und Klöster von ihrer Gründung bis zur Aufhebung 2 („Münster – Zwillbrock") (Veröffentlichungen der historischen Kommission für Westfalen 44. Quellen und Forschungen zur Kirchen- und Religionsgeschichte 2) Münster 1994, S. 39–45.

Andreas Holzem, *Die Konfessionsgesellschaft.* Christenleben zwischen staatlichem Bekenntniszwang und religiöser Heilshoffnung, in: Zeitschrift für Kirchengeschichte 110 (1999) S. 53–83.

Andreas Holzem, *Religion und Lebensform.* Katholische Konfessionalisierung im Sendgericht des Fürstbistums Münster (1570–1800) (Forschungen zur Regionalgeschichte 33) Paderborn 2000.

Ji-Hoon Hong, *Luthers Auseinandersetzung* mit dem täuferischen Taufverständnis, Bonn 1995.

Ronnie Po-Chia Hsia, *Charisma and History.* The Case of Münster, Westphalia, 1534–1535, in: Essays in History 35 (1993) S. 49–65.

Ronnie Po-Chia Hsia, *Gesellschaft und Religion in Münster* 1535–1618 (Quellen und Forschungen zur Geschichte der Stadt Münster) Münster 1984.

Ronnie Po-Chia Hsia, *Münster and the Anabaptists,* in: Ders. (Hrg.), The German People and the Reformation, Ithaca – London 1988, S. 51–69.

I / J

Eberhard Isenmann, *Die deutsche Stadt im Spätmittelalter.* 1250–1500. Stadtgestalt, Recht, Stadtregiment, Kirche, Gesellschaft, Wirtschaft (UTB Wissenschaft. Große Reihe o. Nr.) Stuttgart 1988.

Nikolas Jaspert, *Vergegenwärtigungen Jerusalems* in Architektur und Reliquienkult, in: Dieter Bauer – Klaus Herbers – Nikolas Jaspert (Hrg.), Jerusalem im Hoch- und Spätmittelalter. Konflikte und Konfliktbewältigung – Vorstellungen und Vergegenwärtigungen (Campus Historische Studien 29) Frankfurt – New York 2001, S. 219–271.

Nikolas Jaspert, *„Wo seine Füße standen"* (Ubi steterunt pedes eius). Jerusalemsehnsucht und andere Motivationen mittelalterlicher Kreuzfahrer, in: Hans-Jürgen Kotzur (Hrg.), Kein Krieg ist heilig. Die Kreuzzüge, Mainz 2004, S. 173–185.

Hubert Jedin, *Das Leitbild des Priesters* nach dem Tridentinum und dem Vaticanum II, in: Theologie und Glaube 60 (1970) S. 102–124.

A. J. Jelsma, *De Koning en de vrouwen.* Münster 1534–1535, in: Gereformeerd theologisch tijdschrift 75 (1975) S. 82–107.

Peter Jezler, *Von den Guten Werken zum reformatorischen Bildersturm* – Eine Einführung, in: Cécile Dupeux – Peter Jezler – Jean Wirth (Hrg.), Bildersturm. Wahnsinn oder Gottes Wille?, Bern 2000, S. 20–27.

Peter Johanek, *Die Täufer, die Stadt und der Bischof,* in: Barbara Rommé (Hrg.), Das Königreich der Täufer in Münster – Neue Perspektiven (Edition Kulturregion Münsterland 4) Münster 2003, S. 65–84.

Bruno Jordahn, *Der Taufgottesdienst im Mittelalter* bis zur Gegenwart, in: Karl Ferdinand Müller – Walter Blankenburg (Hrg.), Leiturgia. Handbuch des evangelischen Gottesdienstes 5 (1970) S. 349–640.

Bernhard Jussen – Craig Koslofsky , *‚Kulturelle Reformation'* und der Blick auf die Sinnformationen, in: Bernhard Jussen – Craig Koslofsky (Hrg.),

Kulturelle Reformation. Sinnformationen im Umbruch 1400–1600 (Veröffentlichungen des Max-Planck-Instituts für Geschichte 145) Göttingen 1999, S. 13–27.

K

Susan C. Karant-Nunn, *„Gedanken, Herz und Sinn“*, in: Bernhard Jussen – Craig Koslofsky (Hrg.), Kulturelle Reformation. Sinnformationen im Umbruch 1400–1600 (Veröffentlichungen des Max-Planck-Instituts für Geschichte 145) Göttingen 1999, S. 69–95.

Heinrich Karpp, *Schrift, Geist und Wort Gottes.* Geltung und Wirkung der Bibel in der Geschichte der Kirche. Von der Alten Kirche bis zum Ausgang der Reformationszeit, Darmstadt 1992.

Rita Kauder-Steiniger, *Täuferinnen – Opfer oder Heldinnen?* Spurensuche nach den Frauen in Münster während der Reformation und der Täuferherrschaft, in: Barbara Rommé (Hrg.), Das Königreich der Täufer in Münster – Neue Perspektiven (Edition Kulturregion Münsterland 4) Münster 2003, S. 13–40.

Thomas Kaufmann, *Die Täufer.* Von der radikalen Reformation zu den Baptisten (Beck Tb Wissen 2897) München 2019.

Karl-Heinz Kirchhoff, *Art. Münster – Fraterherren*, in: Karl Hengst (Hrg.), Westfälisches Klosterbuch. Lexikon der vor 1815 errichteten Stifte und Klöster von ihrer Gründung bis zur Aufhebung 2 („Münster – Zwillbrock“) (Veröffentlichungen der historischen Kommission für Westfalen 44. Quellen und Forschungen zur Kirchen- und Religionsgeschichte 2) Münster 1994, S. 80–85.

Karl-Heinz Kirchhoff, *Bodenfunde aus der Täuferzeit* in den Festungswerken der Stadt Münster, in: Westfalen 61 (1983) S. 1–8.

Karl-Heinz Kirchhoff, *Das Ende der lutherischen Bewegung* in Coesfeld und Dülmen 1533, in: Jahrbuch des Vereins für westfälische Kirchengeschichte 62 (1969) S. 43–68.

Karl-Heinz Kirchhoff, *Das erste Kupfergeld in Münster* 1532, in: Franz Petri – Peter Schöller – Heinz Stoob – Peter Johanek (Hrg.), Karl-Heinz Kirchhoff. Forschungen zur Geschichte von Stadt und Stift Münster, Warendorf 1988, S. 169–171.

Karl-Heinz Kirchhoff, *Das Phänomen des Täuferreichs zu Münster* 1534/35, in: Franz Petri u. a. (Hrg.), Der Raum Westfalen 6,1, Münster 1989, S. 278–413.

Karl-Heinz Kirchhoff, *Die Anfänge des Fraterhauses zu Münster* 1400–1409, in: Westfälische Zeitschrift 121 (1971) S. 9–36.

Karl-Heinz Kirchhoff, *Die Belagerung und Eroberung Münsters* 1534/35. Militärische Maßnahmen und politische Verhandlungen des Fürstbischofs Franz von Waldeck, in: Westfälische Zeitschrift 112 (1962) S. 77–170.

Karl-Heinz Kirchhoff, *Die Besetzung Warendorfs* 1534, in: Westfalen 40 (1962) S. 117–120.

Karl-Heinz Kirchhoff, *Die Endzeiterwartung* der Täufergemeinde zu Münster 1534/35. Gemeindebildung unter dem Eindruck biblischer Verheißungen, in: Jahrbuch für westfälische Kirchengeschichte 78 (1985) S. 19–42.

Karl-Heinz Kirchhoff, *Die Entstehung des Fraterhauses „Zum Springborn" in Münster,* in: Franz Petri – Peter Schöller – Heinz Stoob – Peter Johanek (Hrg.), Karl-Heinz Kirchhoff. Forschungen zur Geschichte von Stadt und Stift Münster, Warendorf 1988, S. 139–168.

Karl-Heinz Kirchhoff, *Die Erbmänner und ihre Höfe in Münster.* Untersuchungen zur Sozial-Topographie einer Stadt im Mittelalter, in: Franz Petri – Peter Schöller – Heinz Stoob – Peter Johanek (Hrg.), Karl-Heinz Kirchhoff. Forschungen zur Geschichte von Stadt und Stift Münster, Warendorf 1988, S. 53–76.

Karl-Heinz Kirchhoff, *Die Häuser der Wiedertäufer in Münster 1535.* Möglichkeiten der Auswertung einer Quellengruppe zur Geschichte der Stadt Münster, in: Westfälische Forschungen 15 (1962) S. 140–143.

Karl-Heinz Kirchhoff, *Die landständischen Schatzungen des Stifts Münster,* in: Franz Petri – Heinz Stoob – Peter Johanek (Hrg.), Karl-Heinz Kirchhoff. Forschungen zur Geschichte von Stadt und Stift Münster, Warendorf 1988, S. 1–31.

Karl-Heinz Kirchhoff, *Die Täufer in Münster 1534/35.* Untersuchungen zum Umfang und zur Sozialstruktur der Bewegung, Münster 1973.

Karl-Heinz Kirchhoff, *Die Unruhen in Münster/Westf.* 1450–1457. Ein Beitrag zur Topographie und Prosopographie einer städtischen Protestbewegung, in: Wilfried Ehbrecht (Hrg.), Städtische Führungsgruppen und Gemeinde in der werdenden Neuzeit (Städteforschung. Veröffentlichungen des Instituts für vergleichende Städtegeschichte in Münster 9) Köln – Wien 1980, S. 153–312.

Karl-Heinz Kirchhoff, *Die „Wiedertäufer-Käfige"* in Münster. Zur Geschichte der drei Eisenkörbe am Turm von St. Lamberti, Münster 1996.

KARL-HEINZ KIRCHHOFF, *Gab es eine friedliche Täufergemeinde in Münster 1534?*, in: Jahrbuch des Vereins für westfälische Kirchengeschichte 55/56 (1962/1963) S. 7–21.

KARL-HEINZ KIRCHHOFF, *Gesamtgilde und Gemeinheit* in Münster (Westf.) 1410 bis 1661, in: FRANZ PETRI – PETER SCHÖLLER – HEINZ STOOB – PETER JOHANEK (Hrg.), Karl-Heinz Kirchhoff. Forschungen zur Geschichte von Stadt und Stift Münster, Warendorf 1988, S. 235–279.

KARL-HEINZ KIRCHHOFF, *Gilde und Gemeinheit* in Münster/Westf. 1525–1534. Zur legalen Durchsetzung einer oppositionellen Bewegung, in: WILFRIED EHBRECHT – HEINZ SCHILLING (Hrg.), Niederlande und Nordwestdeutschland (Städteforschung A 15) Köln – Wien 1983, S. 164–179.

KARL-HEINZ KIRCHHOFF, *Himmelserscheinungen.* Vorzeichen der Endzeit 1534, in: WILHELM H. NEUSER (Hrg.), Täufertum in Münster 1534/35. Katalog der Ausstellung im Westfälischen Landesmuseum für Kunst und Kulturgeschichte Münster, Münster 1984, S. 10–13.

KARL-HEINZ KIRCHHOFF, *Kerssenbrock oder Vruchter.* Wer schrieb 1534 das Bichtbok, die Kampfschrift gegen Reformation und Täufertum in Münster, in: Jahrbuch für westfälische Kirchengeschichte 68 (1973) S. 39–50.

KARL-HEINZ KIRCHHOFF, *Klöster und Konvente* in Münster bis 1800 – Eine topographische Bestandsaufnahme, in: GÉZA JASZAI (Hrg.), Monastisches Westfalen, 2. Aufl., Münster 1982, S. 551–560.

KARL-HEINZ KIRCHHOFF, *Zwinger und Neuwerk.* Beiträge zur Geschichte der Befestigung der Stadt Münster im ausgehenden Mittelalter, in: FRANZ PETRI – PETER SCHÖLLER – HEINZ STOOB – PETER JOHANEK (Hrg.), Karl-Heinz Kirchhoff. Forschungen zur Geschichte von Stadt und Stift Münster, Warendorf 1988, S. 99–137.

KARL-HEINZ KIRCHHOFF – PAUL PIEPER, *Eine Stadtbesichtigung Münsters im Jahre 1570,* in: ULRICH KRÖLL (Hrg.), Geschichte lehren und lernen – am Beispiel der Stadt Münster (Forum Geschichtsdidaktik 4) Münster 1985, S. 97–109.

RALF KLÖTZER, *Herrschaft und Kommunikation.* Propheten, König und Stadtgemeinde im täuferischen Münster 1534/35, in: ANSELM SCHUBERT – ASTRID VON SCHLACHTA – MICHAEL DRIEDGER (Hrg.), Grenzen des Täufertums. Boundaries of Anabaptism. Neue Forschungen (Beiträge der Konferenz in Göttingen vom 23.–27.08.2006) (Schriften des Vereins für Reformationsgeschichte 209) Heidelberg 2009, S. 326–345.

RALF KLÖTZER, *Art. Täufer, Täufertum*, in: Lexikon für Theologie und Kirche 9 (2000) Sp. 1298–1300.

RALF KLÖTZER, Die *Täuferherrschaft* von Münster. Stadtreformation und Welterneuerung (Reformationsgeschichtliche Studien und Texte 131) Münster 1992.

RALF KLÖTZER, *Für ewige Zeiten?* Zusammenlegungen und Auflösungen sozialer Stiftungen in Münster, in: FRANZ-JOSEF JAKOBI – RALF KLÖTZER – HANNES LAMBACHER (Hrg.), Strukturwandel der Armenfürsorge und der Stiftungswirklichkeiten im Laufe der Jahrhunderte (Quellen und Forschungen zur Geschichte der Stadt Münster 17,4) Münster 2002, S. 351–410.

RALF KLÖTZER, *Hoffnungen auf eine andere Wirklichkeit.* Die Erwartungshorizonte in der Täuferstadt Münster 1534/35, in: NORBERT FISCHER – MARION KOBELT-GROCH (Hrg.), Außenseiter zwischen Mittelalter und Neuzeit. FS HANS-JÜRGEN GOERTZ (Studies in Medieval and Reformation Thought 61) Leiden – New York – Köln 1997, S. 153–169.

EDELTRAUD KLUETING, *Art. Münster – St. Marien Überwasser* – Kanonissen, dann Benediktinerinnen, in: KARL HENGST (Hrg.), Westfälisches Klosterbuch. Lexikon der vor 1815 errichteten Stifte und Klöster von ihrer Gründung bis zur Aufhebung 2 („Münster – Zwillbrock“) (Veröffentlichungen der historischen Kommission für Westfalen 44. Quellen und Forschungen zur Kirchen- und Religionsgeschichte 2) Münster 1994, S. 58–64.

DIETRICH KLUGE, *Die Rechts- und Sittenordnung des Täuferreiches zu Münster*, in: Jahrbuch für westfälische Kirchengeschichte 69 (1976) S. 75–100.

DIETRICH KLUGE, *Kirchenordnung* und Sittenzucht in Münster (1533), in: Jahrbuch für westfälische Kirchengeschichte 67 (1974) S. 219–235.

WILHELM KOHL, *Art. Münster – Beginenhaus Hofringe*, in: KARL HENGST (Hrg.), Westfälisches Klosterbuch. Lexikon der vor 1815 errichteten Stifte und Klöster von ihrer Gründung bis zur Aufhebung 2 („Münster – Zwillbrock“) (Veröffentlichungen der historischen Kommission für Westfalen 44. Quellen und Forschungen zur Kirchen- und Religionsgeschichte 2) Münster 1994, S. 132–134.

WILHELM KOHL, *Art. Münster – Beginenhaus Rosental*, in: KARL HENGST (Hrg.), Westfälisches Klosterbuch. Lexikon der vor 1815 errichteten Stifte und Klöster von ihrer Gründung bis zur Aufhebung 2 („Münster – Zwillbrock“) (Veröffentlichungen der historischen Kommission für Westfalen 44. Quellen und Forschungen zur Kirchen- und Religionsgeschichte 2) Münster 1994, S. 124–126.

Wilhelm Kohl, *Art. Münster – Zisterzienserinnen*, dann Benediktinerinnen zu St. Aegidii, in: Karl Hengst (Hrg.), Westfälisches Klosterbuch. Lexikon der vor 1815 errichteten Stifte und Klöster von ihrer Gründung bis zur Aufhebung 2 („Münster – Zwillbrock") (Veröffentlichungen der historischen Kommission für Westfalen 44. Quellen und Forschungen zur Kirchen- und Religionsgeschichte 2) Münster 1994, S. 64–68.

Wilhelm Kohl, *Heinrich Roll*. Beiträge zu seiner Biographie, in: Max Bierbaum (Hrg.), Studia Westfalica. Beiträge zur Kirchengeschichte und religiösen Volkskunde Westfalens. FS Alois Schröer, Münster 1973, S. 185–194.

Armin Kohnle, *Reichstag und Reformation*. Kaiserliche und ständische Religionspolitik von den Anfängen der Causa Lutheri bis zum Nürnberger Religionsfrieden (Quellen und Forschungen zur Reformationsgeschichte 72) Gütersloh 2001.

Craig Koslofsky, *‚Pest' – ‚Gift' – ‚Ketzerei'*. Konkurrierende Konzepte von Gemeinschaft und die Verlegung der Friedhöfe, in: Bernhard Jussen – Craig Koslofsky (Hrg.), Kulturelle Reformation. Sinnformationen im Umbruch 1400–1600 (Veröffentlichungen des Max-Planck-Instituts für Geschichte 145) Göttingen 1999, S. 193–208.

Taira Kuratsuka, *Gesamtgilde und Täufer*. Der Radikalisierungsprozeß in der Reformation Münsters. Von der reformatorischen Bewegung zum Täuferreich 1533/34, in: Archiv für Reformationsgeschichte 76 (1985) S. 231–270.

L

Helmut Lahrkamp, *Art. Münster – Beginenhaus Ringe*, dann Terziarinnen, in: Karl Hengst (Hrg.), Westfälisches Klosterbuch. Lexikon der vor 1815 errichteten Stifte und Klöster von ihrer Gründung bis zur Aufhebung 2 („Münster – Zwillbrock") (Veröffentlichungen der Historischen Kommission für Westfalen 44. Quellen und Forschungen zur Kirchen- und Religionsgeschichte 2) Münster 1994, S. 127–131.

Helmuth Lahrkamp, *Das Drama der „Wiedertäufer"*, 2. Aufl., Münster 2009.

Ernst Laubach, *Jan Mathys* und die Austreibung der Taufunwilligen aus Münster Ende Februar 1534, in: Westfälische Forschungen 36 (1986) S. 147–158.

Ernst Laubach, *Reformation und Täuferherrschaft*, in: Franz-Josef Jakobi (Hrg.), Geschichte der Stadt Münster 1, 3. Aufl., Münster 1994, S. 145–216.

Thomas Lentes, *‚Andacht' und ‚Gebärde'*. Das religiöse Ausdrucksverhalten, in: Bernhard Jussen – Craig Koslofsky (Hrg.), Kulturelle Reformation. Sinnformationen im Umbruch 1400–1600 (Veröffentlichungen des Max- Planck-Instituts für Geschichte 145) Göttingen 1999, S. 29–67.

Thomas Lentes, *Die Deutung des Scheins*. Das symbolische Verhalten im Spätmittelalterbild (1830–1945), in: Berndt Hamm – Thomas Lentes (Hrg.), Spätmittelalterliche Frömmigkeit zwischen Ideal und Praxis (Spätmittelalter und Reformation. Neue Reihe 15) Tübingen 2001, S. 1–23.

Volker Leppin, *Art. Schnepf, Erhard*, in: Theologische Realenzyklopädie 30 (1999) S. 233–235.

Marc Lienhard, *Art. Capito, Wolfgang*, in: Theologische Realenzyklopädie 7 (1981) S. 636–640.

Günther List, *Chiliastische Utopie* und radikale Reformation. Die Erneuerung der Idee vom 1000-jährigen Reich im 16. Jahrhundert, München 1973.

Bernhard Lohse, *Die bleibende Bedeutung* von Joseph Lortz' Darstellung „Die Reformation in Deutschland", in: Rolf Decot – Rainer Vinke (Hrg.), Zum Gedenken an Joseph Lortz (1887–1975). Beiträge zur Reformationsgeschichte und Ökumene (Veröffentlichungen des Instituts für europäische Geschichte Mainz, Beiheft 30, Abteilung Religionsgeschichte) Stuttgart 1997, S. 337–351.

David M. Luebke, *Koexistenz um des Stadtfriedens willen*. Kleinstädte im Fürstbistum Münster, in: Werner Freitag – Wilfried Reininghaus (Hrg.), Beiträge zur Geschichte der Reformation in Westfalen 2 (Veröffentlichungen der Historischen Kommission für Westfalen NF 47) Münster 2019, S. 295–313.

Hubertus Lutterbach, *Charismatische Herrschaft* im Täufertum von Münster (1534/1535). Vorgeschichte und Ausprägung, in: Franz J. Felten – Annette Kehnel – Stefan Weinfurter (Hrg.), Institution und Charisma (Festschrift Gert Melville), Köln – Weimar – Wien 2009, S. 589–606.

Hubertus Lutterbach, *Der Weg in das Täuferreich* von Münster. Ein Ringen um die heilige Stadt (Geschichte des Bistums Münster 3) Münster 2006.

Hubertus Lutterbach, *Der Zion von Münster*. Auf- und Abstieg eines heiligen Berges, in: Nikodemus C. Schnabel (Hrg.), Laetare Jerusalem (Jerusalemer Theologisches Forum 10) Münster 2006, S. 402–424.

Hubertus Lutterbach, *Die Entstehung der täuferischen Schreckensherrschaft* von Münster (1530–1535). Ein Schlüssel zum christentumsgeschichtlichen

Umgang mit sozialer Differenz?, in: Zeitschrift für Pastoraltheologie 37 (2017) S. 57–71.

Hubertus Lutterbach, *Gotteskindschaft.* Kultur- und Sozialgeschichte eines christlichen Ideals, Freiburg – Basel – Wien 2003.

Hubertus Lutterbach, *Monachus factus est.* Die Mönchwerdung im frühen Mittelalter. Zugleich ein Beitrag zur Frömmigkeits- und Liturgiegeschichte (Beiträge zur Geschichte des alten Mönchtums und des Benediktinertums 44) Münster 1995.

Hubertus Lutterbach, Münster – Bernhard Rothmann, Jan Matthys und Jan van Leiden, in: Michael Welker – Michael Beintker – Albert de Lange (Hrg.), Europa reformata. Reformationsstädte Europas und ihre Reformatoren, 2. verb. Aufl., Leipzig 2017, S. 279–286.

Hubertus Lutterbach, *Reformation in Münster.* Das Ringen um die Erwachsenentaufe als Quelle der Gewalt?, in: Andreas Holzem (Hrg.), Krieg und Christentum. Religiöse Gewalttheorien in der Kriegserfahrung des Westens (Krieg in der Geschichte 50) Paderborn – München – Wien 2009, S. 439–456.

Hubertus Lutterbach, *Sexualität im Mittelalter.* Eine Kulturstudie anhand von Bußbüchern des 6. bis 12. Jahrhunderts (Archiv für Kulturgeschichte. Beihefte 43) Köln – Weimar 1999.

Hubertus Lutterbach, „Tiere – In allem gehorsam wie Mönche …" Die Vorstellung vom kosmischen Frieden im Christentum, in: Saeculum 51 (2000) S. 294–331.

M

Raoul Manselli, *Art. Beg(h)inen*, in: Lexikon des Mittelalters 1 (1980) Sp. 1799–1803.

Jürgen Martschukat – Steffen Patzold, *Geschichtswissenschaft* und „Performative Turn". Eine Einführung in Fragestellungen, Konzepte und Literatur, in: Jürgen Martschukat – Steffen Patzold (Hrg.), Geschichtswissenschaft und „Performative Turn". Ritual, Inszenierung und Performanz vom Mittelalter bis zur Neuzeit, Köln – Weimar – Wien 2003, S. 1–31.

H. W. Meihuizen, *The Concept of Restitution* in the Anabaptism of Northwestern Europe, in: The Mennonite Quarterly Review 44 (1970) S. 141–158.

Albert F. Mellink, *Amsterdam en de wederdopers* in de zestiende eeuw, Nijmegen 1978.

Albert F. Mellink, *De beginperiode* van het Nederlands Anabaptisme in het licht van het laatste onderzoek, in: Doopsgezinde Bijdragen 12/13 (1987) S. 29–39.

A[lbert] F. Mellink, *The Mutual Relations* between the Münster Anabaptists and the Netherlands, in: Archiv für Reformationsgeschichte 50 (1959) S. 16–33.

Reinhard Messner, *Einführung in die Liturgiewissenschaft* (UTB 2173) Paderborn – München – Wien – Zürich 2001.

Reinhard Messner, *Reformen* des Gottesdienstes in der Wittenberger Reformation, in: Martin Klöckener – Benedikt Kranemann (Hrg.), Historische Studien zu einem bleibenden Grundzug des christlichen Gottesdienstes. FS Angelus A. Häussling, Teil 1 („Biblische Modelle und Liturgieformen von der Frühzeit bis zur Aufklärung"), Münster 2002, S. 381–416.

Sergiusz Michalski, *Das Phänomen Bildersturm.* Versuch einer Übersicht, in: Bob Scribner (Hrg.), Bilder und Bildersturm im Spätmittelalter und in der frühen Neuzeit (Wolfenbütteler Forschungen 46) Wiesbaden 1990, S. 69–124.

Michael Mitterauer, *Städte als Zentren* im mittelalterlichen Europa, in: Peter Feldbauer – Michael Mitterauer – Wolfgang Schwentker (Hrg.), Die vormoderne Stadt. Asien und Europa im Vergleich (Querschnitte 10) Wien – München 2002, S. 60–78.

Bernd Moeller, *Art. Capito, Wolfgang,* in: Lexikon für Theologie und Kirche 2 (1994) Sp. 932.

Bernd Möller, *Zwinglis Disputationen.* Studien zur Kirchengründung in den Städten der frühen Reformation. Mit einem Vorwort von Thomas Kaufmann, 2. Aufl., Göttingen 2011.

Bernd Moeller, *Reichsstadt und Reformation* (Schriften des Vereins für Reformationsgeschichte 180) Gütersloh 1962.

N

Kurt Niederwimmer, *Die Didache* (Kommentar zu den apostolischen Vätern 1) Göttingen 1989.

Joseph Niesert (Hrg.), *Beiträge* zu einem Münsterischen Urkundenbuche, Bd. 1, Abt. 1, Münster 1823.

Münsterische *Urkundensammlung,* ed. Joseph Niesert, Bd. 1, Urkunden zur Geschichte der Münsterischen Wiedertäufer, Coesfeld 1826.

O

Heiko A. Obermann, *Spätscholastik* und Reformation. II. Werden und Wertung der Reformation. Vom Wegestreit zum Glaubenskampf, 3. Aufl., Tübingen 1989.

Heiko A. Obermann, *Fourteenth-Century Religious Thought.* A Premature Profile, in: Speculum 53 (1978) S. 80–93.

Heiko A. Obermann, *Zwei Reformationen.* Luther und Calvin – Alte und Neue Welt (aus dem Englischen übers. v. Christian Wiese), Berlin 2003.

Rudolfine Freiin Von Oer, *Das Täuferreich von Münster und die Frauen,* in: Ulrich Kröll (Hrg.), Geschichte lehren und lernen – Am Beispiel der Stadt Münster (Forum Geschichtsdidaktik 4) Münster 1985, S. 410–415.

Rudolfine Freiin Von Oer, *Münster,* in: Die Territorien des Reiches im Zeitalter der Reformation und Konfessionalisierung. Land und Konfession 1500–1650, 3 („Der Nordwesten") (Katholisches Leben und Kirchenreform im Zeitalter der Glaubensspaltung 51) Münster 1991, S. 108–129.

Karl-Heinz Ohlig, *Die theologische Begründung* des neutestamentlichen Kanons in der alten Kirche (Kommentare und Beiträge zum Alten und Neuen Testament) Düsseldorf 1972.

Friedrich Ohly, *Die Kathedrale als Zeitenraum.* Zum Dom von Siena, in: Ders., Schriften zur mittelalterlichen Bedeutungsforschung, Darmstadt 1977, S. 171–274.

Ursula Olschewski, *Reformatorische Kritik* der religiösen Praxis und des Brauchtums im Spiegel westfälischer Kirchenordnungen, in: Werner Freitag – Wilfried Reininghaus (Hrg.), Beiträge zur Geschichte der Reformation in Westfalen 1 (Veröffentlichungen der Historischen Kommission für Westfalen NF 35) Münster 2017, S. 113–140.

Mireille Othenin-Girard, *‚Helfer' und ‚Gespenster'.* Die Toten und der Tauschhandel mit den Lebenden, in: Bernhard Jussen – Craig Koslofsky (Hrg.), Kulturelle Reformation. Sinnformationen im Umbruch 1400–1600 (Veröffentlichungen des Max-Planck-Instituts für Geschichte 145) Göttingen 1999, S. 159–191.

P

Werner O. Packull, *The Sign of Thau.* The Changing Conception of the Seal of God's Elect in Early Anabaptist Thought, in: The Mennonite Quarterly Review 61 (1987) S. 363–374.

CHRISTIAN PETERS, *Um was ging es der Reformation?* Die westfälischen Stadtreformationen im Spiegel ihrer frühen Thesenreihen, in: Jahrbuch für westfälische Kirchengeschichte 112 (2016) S. 77–117.

CHRISTIAN PETERS, *Vom Humanismus zum Täuferreich.* Der Weg des Bernhard Rothmann (Refo 500. Academic Studies 38) Göttingen 2017.

HANS-DIETER PLÜMPER, Die *Gütergemeinschaft* bei den Täufern des 16. Jahrhunderts (Göppinger akademische Beiträge 62) Göppingen 1972.

JOACHIM POESCHKE, *Liebfrauen-Überwasser,* in: JOACHIM POESCHKE – CANDIDA SYNDIKUS – THOMAS WEIGEL (Hrg.), Mittelalterliche Kirchen in Münster, München 1993, S. 163–195.

JOACHIM POESCHKE, *St. Mauritz,* in: JOACHIM POESCHKE – CANDIDA SYNDIKUS – THOMAS WEIGEL (Hrg.), Mittelalterliche Kirchen in Münster, München 1993, S. 94–114.

JOSEPH PRINZ, *Bernd Knipperdollinck und seine Sippe,* in: Westfalen 40 (1962) S. 96–116.

JOSEPH PRINZ, *Mimigernaford – Münster.* Die Entstehungsgeschichte einer Stadt (Geschichtliche Arbeiten zur westfälischen Landesforschung 4 = Veröffentlichungen der Historischen Kommission Westfalens 22) Münster 1960.

RICHARD PUZA, *Art. Kollegiatkirche/Kollegiatstift,* in: Lexikon des Mittelalters 5 (1991) Sp. 1253.

Q/R

FRANCIS RAPP, *L'église et la vie religieuse* en Occident à la fin du Moyen Âge (Nouvelle clio. Collection 25) Paris 1971.

KATHARINA REINHOLDT, *Ein Leib in Christo werden.* Ehe und Sexualität im Täufertum der Frühen Neuzeit (Veröffentlichungen des Instituts für Europäische Geschichte 227) Göttingen 2012.

ADOLF REINLE, *Art. Sakramentshaus,* in: Lexikon des Mittelalters 7 (1995), Sp. 1275–1276.

HENNING REVENTLOW, *Epochen der Bibelauslegung,* 4 Bde., München 1990–2001.

S

JOSEPH SCHARBERT, *Art. Stiftshütte,* in: Lexikon für Theologie und Kirche 9 (1964) Sp. 1075–1077.

NORBERT SCHAUERTE, *Alexander Hegius.* Ein Pädagoge an der Schwelle zum Humanismus, in: Westfälische Zeitschrift 151/152 (2001/2002) S. 47–68.

WOLFGANG SCHILD, *Alte Gerichtsbarkeit.* Vom Gottesurteil bis zum Beginn der modernen Rechtsprechung, 2. Aufl., München 1985.

HEINZ SCHILLING, *Aufstandsbewegungen* in der Stadtbürgerlichen Gesellschaft des Alten Reiches. Die Vorgeschichte des Münsteraner Täuferreichs, 1525–1534, in: HANS-ULRICH WEHLER (Hrg.), Der deutsche Bauernkrieg. 1524–1526 (Geschichte und Gesellschaft. Zeitschrift für historische Sozialwissenschaft. Sonderheft 1) Göttingen 1975, S. 193–238.

HEINZ SCHILLING, *Die Stadt in der frühen Neuzeit* (Enzyklopädie deutscher Geschichte 24) München 1993.

HEINZ SCHILLING, *‚Vita religiosa' des Spätmittelalters* und frühneuzeitliche Differenzierung der ‚Christianitas' – Beobachtungen zu Wegen und Früchten eines Gesprächs zwischen Spätmittelalter- und Frühneuzeithistorikern, in: FRANZ J. FELTEN – NIKLAS JASPERT (Hrg.), Vita Religiosa im Mittelalter. FS KASPAR ELM (Berliner historische Studien 31. Ordensstudien 13) Berlin 1999, S. 785–796.

ASTRID VON SCHLACHTA, *Gefahr oder Segen?* Die Täufer in der politischen Kommunikation (Schriften zur politischen Kommunikation 5) Göttingen 2009.

HEINRICH RICHARD SCHMIDT, *Bundestheologie,* Gesellschafts- und Herrschaftsvertrag, in: HEINRICH RICHARD SCHMIDT – ANDRÉ HOLENSTEIN – ANDREAS WÜRGLER (Hrg.), Gemeinde, Reformation und Widerstand. FS PETER BLICKLE, Tübingen 1998, S. 309–325.

HEINRICH RICHARD SCHMIDT, *Die Reformation im Reich und in der Schweiz* als Handlungs- und Sinnzusammenhang, in: THOMAS A. BRADY (Hrg.), Die deutsche Reformation zwischen Spätmittelalter und Früher Neuzeit (Schriften des Historischen Kollegs. Kolloquien 50) München 2001, S. 123–157.

HEINRICH RICHARD SCHMIDT, *Reichsstädte,* Reich und Reformation. Korporative Religionspolitik 1521–1529/30 (Veröffentlichungen des Instituts für europäische Geschichte Mainz 122/ Abteilung Religionsgeschichte) Stuttgart 1986.

HUGO SCHNELL, *Martin Luther* und die Reformation auf Münzen und Medaillen, München 1983.

NORBERT SCHNITZLER, *Ikonoklasmus – Bildersturm.* Theologischer Bilderstreit und ikonoklastisches Handeln während des 15. und 16. Jahrhunderts, München 1996.

KLAUS SCHOLZ, *Das Spätmittelalter*, in: WILHELM KOHL (Hrg.), Westfälische Geschichte 1 („Von den Anfängen bis zum Ende des Alten Reiches") (Veröffentlichungen der historischen Kommission für Westfalen im Provinzialinstitut für westfälische Landes- und Volksforschung des Landschaftsverbandes Westfalen-Lippe 53) Düsseldorf 1983, S. 403–468.

KLAUS SCHREINER, *Die mittelalterliche Stadt in Webers Analyse* und die Deutung des okzidentalen Rationalismus. Typus, Legitimität, Kulturbedeutung, in: JÜRGEN KOCKA (Hrg.), Max Weber, der Historiker (Kritische Studien zur Geschichtswissenschaft 73) Göttingen 1986, S. 119–150.

ALOIS SCHRÖER, Die *Reformation in Westfalen*. Der Glaubenskampf einer Landschaft, 2 Bde., Münster 1979–1983.

KATJA SCHUPP, *„Ein Echo für jegliche Frage,* welche die Geister bewegt." Zur Rezeption des Täuferreiches von Münster in Geschichtsschreibung, Literatur und darstellender Kunst, in: THORSTEN ALBRECHT – BARBARA ROMMÉ (Hrg.), Das Königreich der Täufer 2 („Die münsterischen Täufer im Spiegel der Nachwelt"), Münster 2000, S. 76–91.

KATJA SCHUPP, *Zwischen Faszination und Abscheu*. Das Täuferreich von Münster. Zur Rezeption in Geschichtswissenschaft, Literatur, Publizistik und populärer Darstellung vom Ende des 18. Jahrhunderts bis zum Dritten Reich (Edition Kulturregion Münsterland 1) Münster 2002.

LEOPOLD SCHÜTTE, *Art. Münster – Minoriten,* in: KARL HENGST (Hrg.), Westfälisches Klosterbuch. Lexikon der vor 1815 errichteten Stifte und Klöster von ihrer Gründung bis zur Aufhebung 2 („Münster – Zwillbrock") (Veröffentlichungen der historischen Kommission für Westfalen 44. Quellen und Forschungen zur Kirchen- und Religionsgeschichte 2) Münster 1994, S. 74–80.

ROBERT W. SCRIBNER, *Antiklerikalismus in Deutschland um 1500,* in: FERDINAND SEIBT – WINFRIED EBERHARD (Hrg.), Europa 1500. Integrationsprozesse im Widerstreit. Staaten, Regionen, Personenverbände, Christenheit, Stuttgart 1987, S. 368–382.

ROBERT W. SCRIBNER, *Cosmic Order and Daily Life*. Sacred and Secular in Pre-Industrial German Society, in: KASPAR VON GREYERZ (Hrg.), Religion and Society in Early Medieval Europe 1500–1800, London 1984, S. 17–32.

ROBERT W. SCRIBNER, *Ritual and Reformation*, in: RONNIE PO-CHIA HSIA (Hrg.), The German People and the Reformation, Ithaca – London 1988, S. 122–144.

Robert W. Scribner, *Sozialkontrolle* und die Möglichkeit einer städtischen Reformation, in: Bernd Moeller (Hrg.), Stadt und Kirche im 16. Jahrhundert (Schriften des Vereins für Reformationsgeschichte 190) Gütersloh 1978, S. 57–65.

Robert W. Scribner, *Volkskultur und Volksreligion.* Zur Rezeption evangelischer Ideen, in: Peter Blickle – Andreas Lindt – Alfred Schindler (Hrg.), Zwingli und Europa, Zürich 1985, S. 151–161.

Gottfried Seebass, *Luthers Stellung zur Verfolgung der Täufer* und ihre Bedeutung für den deutschen Protestantismus, in: Ders., Die Reformation und ihre Außenseiter. Gesammelte Aufsätze und Vorträge (hrg. v. Irene Dingel), Göttingen 1997, S. 267–282.

Hermann Josef Spital, *Der Taufritus in den deutschen Ritualien* von den ersten Drucken bis zur Einführung des Rituale Romanum (Liturgiewissenschaftliche Quellen und Forschungen 47) Münster 1968.

James M. Stayer, *Neue Modelle eines gemeinsamen Lebens.* Gütergemeinschaft im Täufertum, in: Hans-Jürgen Goertz (Hrg.), Alles gehört allen. Das Experiment Gütergemeinschaft vom 16. Jahrhundert bis heute (Beck'sche Schwarze Reihe 289) München 1984, S. 21–49.

James M. Stayer, *Unsichere Geschichte.* Der Fall Münster (1534/35). Aktuelle Probleme der Forschung, in: Mennonitische Geschichtsblätter 59 (2002) S. 63–78.

Thomas Sternberg, *Orientalium more secutus.* Räume und Institutionen der Caritas des 5. bis 7. Jahrhunderts (Jahrbuch für Antike und Christentum. Ergänzungsband 16) Münster 1991.

Robert Stupperich [= *ed. Stupperich],* Die Schriften Bernhard Rothmanns (Die Schriften der münsterischen Täufer und ihrer Gegner 1 = Veröffentlichungen der Historischen Kommission Westfalens 32) Münster 1970.

Robert Stupperich, *Dr. Johann von der Wyck.* Ein münsterscher Staatsmann der Reformationszeit, in: Westfälische Zeitschrift 123 (1973) S. 9–50.

Robert Stupperich, *Schriften von evangelischer* Seite gegen die Täufer (Veröffentlichungen der historischen Kommission für Westfalen 32, 3. Teil = Die Schriften der Münsterischen Täufer und ihrer Gegner 3) Münster 1983.

Robert Stupperich, *Schriften von katholischer Seite* gegen die Täufer (Veröffentlichungen der historischen Kommission für Westfalen 32, 2. Teil = Die Schriften der Münsterischen Täufer und ihrer Gegner 2) Münster i. W. 1980.

M. Jack Suggs, *The Christian Two Ways Tradition.* Its Antiquity, Form and Function, in: David Edward Aune (Hrg.), Studies in New Testament and

Early Christian Literature. Essays in honor of ALLEN P. WIKGREN, Leiden 1972, S. 60–74.

T

HANS-GEORG TANNEBERGER, *Die Vorstellung der Täufer von der Rechtfertigung* des Menschen (Calwer theologische Monographien. Reihe B. Systematische Theologie und Kirchengeschichte 17) Stuttgart 1999.

JÖRG TRELENBERG, *Die Bibel als „Regiebuch"* für das Täuferreich in Münster, in: Jahrbuch für westfälische Kirchengeschichte 104 (2008) S. 79–109.

RICHARD TREXLER, *Florentine Religious Experience.* The Sacred Image, in: Studies in the Renaissance 19 (1972) S. 7–41.

VOLKER TSCHUSCHKE, *Reformation und Täufer im Westmünsterland* bis um 1550, in: WERNER FREITAG – WILFRIED REININGHAUS (Hrg.), Beiträge zur Geschichte der Reformation in Westfalen 2 (Veröffentlichungen der Historischen Kommission für Westfalen NF 47) Münster 2019, S. 239–293.

U/V

LUKAS VISCHER, *Die Zehntforderung* in der Alten Kirche, in: Zeitschrift für Kirchengeschichte 70 (1959) S. 201–217.

GÜNTER VOGLER, *Von Orsoy nach Oberwesel.* Die schwierigen Anfänge des Kampfes gegen die Täufer in Münster im Jahr 1534, in: Mennonitische Geschichtsblätter 59 (2002) S. 79–110.

W

PAUL WAPPLER, *Die Täuferbewegung in Thüringen* (1526–1584) (Beiträge zur neueren Geschichte Thüringens 2) Jena 1913.

MARTIN WARNKE, *Durchbrochene Geschichte?* Die Bilderstürme der Wiedertäufer in Münster 1534/1535, in: MARTIN WARNKE (Hrg.), Bildersturm. Die Zerstörung des Kunstwerks, München 1973, S. 65–98 und S. 159–167.

ROBERT WEIGAND, *Art. Bruderschaft 1 (Entstehung)*, in: Lexikon des Mittelalters 2 (1983) Sp. 738–739.

ALFRED WENDEHORST, *Wer konnte im Mittelalter lesen und schreiben?*, in: JOHANNES FRIED (Hrg.), Schulen und Studium im sozialen Wandel des hohen und späten Mittelalters (Vorträge und Forschungen 30) Sigmaringen 1986, S. 99–133.

Thomas Werner, *Vernichtet und vergessen?* Bücherverbrennungen im Mittelalter, in: Otto Gerhard Oexle (Hrg.), Memoria als Kultur (Veröffentlichungen des Max-Planck-Instituts für Geschichte 121) Göttingen 1995, S. 149–184.

George Huntston Williams, *Popularized German Mysticism* as a Factor in the Rise of Anabaptist Communism, in: Gerhard Müller – Winfried Zeller (Hrg.), Glaube – Geist – Geschichte. FS Ernst Benz, Leiden 1967, S. 290–312.

Eike Wolgast, *Herrschaftsorganisation* und Herrschaftskrisen im Täuferreich von Münster 1534/35, in: Eike Wolgast, Aufsätze zur Reformations- und Reichsgeschichte (Jus Ecclesiasticum 113) Tübingen 2016, S. 537–558.

Frank J. Wray, *Bernhard Rothmann's Views* on the Early Church, in: Franklin H. Littell (Hrg.), Reformation Studies. Essays in Honor of Roland H. Bainton, Richmond (Virginia) 1962, S. 229–238.

X/Y/Z

Gunter Zimmermann, *Die Antwort der Reformatoren* auf die Zehntenfrage. Eine Analyse des Zusammenhangs von Reformation und Bauernkrieg (Europäische Hochschulschriften. Reihe III: Geschichte und ihre Hilfswissenschaften 164) Frankfurt a. M. – Bern 1982.

Karl Zuhorn, *Die Beginen in Münster.* Anfänge, Frühzeit und Ausgang des münsterischen Beginentums, in: Westfälische Zeitschrift 91 (1935), Teil I, S. 1–149.